R 2813/16

R v 1909ª

CONSIDÉRATIONS
SUR
L'ESPRIT
ET
LES MŒURS.

CONSIDÉRATIONS

SUR

L'ESPRIT

ET

LES MŒURS.

SECONDE ÉDITION.

Revue, corrigée & augmentée.

A LONDRES,
Et se trouve A PARIS,
Chez PRAULT, Imprimeur du Roi,
quai des Augustins.

Et chez les Marchands de Nouveautés.

1789.

AVERTISSEMENT
DE L'ÉDITEUR.

Cet Ouvrage a été imprimé sur un manuscrit de l'Auteur, dont il n'a pas eu le temps de surveiller l'impression. Le premier Éditeur n'a point divisé les matières, & il a joint des nottes & des observations éparses qui n'étoient point destinées à voir le jour.

J'ai mis, dans cette nouvelle édition, l'ordre qui manquoit dans la première, & les matières sont divisées. L'Auteur, m'ayant laissé le maître de faire des retranche-

AVERTISSEMENT.

mens, j'ai supprimé quelques passages, qui ne présentoient rien de neuf, & d'autres qui ont été justement critiqués : Enfin cette édition est considérablement augmentée.

Les femmes se sont élevées contre plusieurs articles de cet Ouvrage qui les concernent ; mais ont-elles sujet de se plaindre? on a dit mille fois, que les Courtisans étoient faux, rampans, intéressés ; les Courtisans ne se sont pas déchaînés contre les Auteurs de ces assertions. L'Auteur a dit : *que les femmes, en général, sont séduites par l'éclat ; que la vanité en fait succomber un plus grand nom-*

AVERTISSEMENT.

bre, que le penchant & les sens. Cette opinion me paroît leur être favorable; car il est plus facile de se défendre de la vanité, d'en reconnoître le néant, que de combattre long-temps contre des desirs impérieux. Enfin toutes les Dames se défendent de rien mettre de grossier & de matériel dans leurs liaisons: L'Auteur se trouve donc d'accord avec elles, & par conséquent avec la vérité. Si l'on objecte qu'il y a plusieurs femmes qui ne sont déterminées que par le sentiment, on répondra que les moralistes parlent toujours en général, & que c'est au Lecteur à faire les ex-

AVERTISSEMENT.

ceptions. On peut voir dans un livre qui a eu beaucoup de succès, une réponse très-applicable à la question.

C'est une femme sensée & vertueuse qui parle & qui s'exprime ainsi :

» Je pense qu'une femme rai-
» sonnable ne doit pas s'attribuer
» ce qui n'est dit que pour une
» femme qui ne l'est pas; & pourvu
» que je ne me rende pas moi,
» il m'est fort indifférent qu'on
» dise, qu'aucune femme ne sait
» résister.

» Ce sont les thèses générales
» (dit un autre interlocuteur sur

AVERTISSEMENT.

» le même sujet) qui ne doivent
» jamais fâcher. Il n'y a précisé-
» ment que celles qui sont dans
» le cas de se rendre promptement,
» qui n'aiment pas à l'entendre
» dire, & qui s'en plaignent.....

» Si je fais un portrait désavan-
» tageux de quelques-unes, il me
» sera permis de croire que celles
» qui s'élèvent contre, pensent
» qu'il leur ressemble. (1)

Un Auteur dont les ouvrages
font les délices des femmes sensibles, J. J. Rousseau (2) s'est exprimé ainsi : « Femmes de Paris &

---

(1) Egaremens du cœur & de l'esprit.
(2) Emile liv. 4.

6 AVERTISSEMENT.

» de Londres, pardonnez-le moi ;
» mais si une seule de vous a l'âme
» vraiment honnête, je n'entends
» rien à nos institutions. »

Ce ne sont point les femmes en elles-même, mais les effets de nos mœurs & de nos institutions sur les femmes, que les Moralistes ont eu en vue. Ils ont parlé avec une liberté qui a quelquefois choqué la délicatesse ; mais il faut les regarder comme des anatomistes, qui mettent au jour pour l'instruction, des objets qu'on doit cacher ; il faut songer à l'intention de l'Auteur & à la direction de sa pensée.

PRÉFACE.

La Rochefoucault, la Bruyère & Duclos semblent avoir épuisé cette partie de la Morale qui a pour objet l'homme vivant en société, à la Cour ou dans la Capitale. Mais quoique le fonds soit le même, l'homme se montre dans chaque siècle, sous chaque règne, avec des formes différentes. Les idées qui règnent dans le monde, l'accroissement des richesses & des jouissances, les progrès du luxe, la sévérité ou la foiblesse du Gouvernement, l'empire ou l'anéantissement de quelques préjugés, la communication plus ou moins grande de la Cour avec la Ville, toutes ces circonstances apportent de grands changemens dans les mœurs d'une Nation. Il y a des maladies qui disparoissent de la surface de la terre, tandis que d'autres viennent affliger l'humanité. Il en est de même dans le moral.

Ce qui doit détourner de suivre la route tracée par la Bruyère, c'est le désespoir d'approcher de son modèle; mais en renonçant à l'admiration, on peut prétendre à l'estime. Il vaut mieux faire des caractères, des maximes, écrire des pensées détachées qui rappellent la Bruyère, en le faisant regretter, que d'ennuyer méthodiquement dans des chapitres de morale.

Les ouvrages sont pour la plupart trop longs. On veut définir, diviser, lier; & le ciment tient plus de place que les pierres qui composent l'édifice. Il est des pensées, des maximes, qui peuvent jet-

PRÉFACE.

ter de la lumière fur un objet & qui ne comportent pas un grand cadre & l'appareil d'un traité. Les penfées détachées, lorfqu'elles font bien exprimées, font plus d'effet & fe gravent mieux dans la mémoire, que fi elles étoient noyées dans un chapitre. Elles réveillent l'attention du Lecteur, & lui épargnent, ainfi qu'à l'Auteur, de longs & inutiles circuits.

J'ai été ou plus long ou plus court; j'ai fait un chapitre, ou des maximes, ou des caractères, fuivant que la matière s'eft étendue fous ma plume, & que l'une ou l'autre manière pouvoit préfenter ma penfée plus clairement.

Je n'ai eu perfonne en vue dans les caractères que j'ai tracés, & j'ai eu foin de ne jamais faire de *portraits*. Un caractère n'est relatif qu'à la qualité, au vice, au défaut qu'on veut peindre : un portrait au contraire rassemble toutes les qualités, les vices, les défauts d'une personne, leur opposition, leur étendue, tous les élémens qui la constituent. Un Portrait fidèle ne peut convenir qu'à une personne, parce que de même qu'il n'en est pas deux au monde qui aient la même physionomie, la même taille ; il n'en est pas également deux dont les qualités soient les mêmes en tout point & également réparties. La Bruyère a été plus hardi : il a fait entrer dans les caractères qu'il a tracés, des traits de conduite qui étoient connus & qui devoient indiquer les personnes. Il a fait plus encore ; il a parlé des grands événemens du temps & des personnages les plus importans, sans couvrir ses récits du voile le plus léger.

C'est ainsi qu'il s'exprime sur Guil^e laume, Prince d'Orange & Roi d'Angleterre.

Un homme dit : « je passerai la mer, » je dépouillerai mon pere de son pa- » trimoine, je le chasserai lui, sa » femme, son héritier, de ses états. Et » comme il l'a dit, il l'a fait. Ce qu'il de- » voit appréhender, c'étoit le ressenti- » ment de plusieurs Rois qu'il outrage » en la personne d'un seul Roi ; mais » ils tiennent pour lui. Ils lui ont » presque dit : Passez la mer, dépouil- » lez votre pere, montez à sa place. »

La Bruyère a fait des portraits qui ne pouvoient convenir qu'à un seul homme. Tel est celui de STRATON qu'il représente dans des situations si rares & si conformes à celles où s'est trouvé le Duc de Lauzun, qu'on n'a pu douter dans le temps que la Bruyère n'ait eu en vue ce Courtisan. C'est ainsi qu'il s'exprime :

« Straton est né sous deux étoiles.
„ Malheureux, heureux dans le même
„ degré, sa vie est un roman : Non,
„ il lui manque le *vraisemblable*. Il n'a
„ point eu d'aventures. Il a eu de beaux
„ songes, il en a eu de mauvais. Que
„ dis-je ! on ne rêve point comme il
„ a vécu. Personne n'a tiré d'une des-
„ tinée plus qu'il a fait. **L'extrême &**

PRÉFACE.

„ le médiocre lui font connus. Il a
„ *brillé*, il a *souffert.* „

Le caractère du distrait rassemble une foule de traits échappés au Comte de Brancas, qui rendoient le modèle de la Bruyère reconnoissable aux yeux de tous ses contemporains.

J'ai soigneusement évité de donner lieu à de semblables applications, & la plus scrupuleuse circonspection m'a fait sacrifier plusieurs détails intéressans.

S'il est utile de faire une préface, c'est je crois dans un ouvrage du genre de celui-ci ; c'est lorsqu'il s'agit de prévenir des imputations, de faire connoître ses intentions. Tel a été mon but. Je ne parlerai point du style & des pensées :

PRÉFACE.

Qu'importe au Public les règles que s'est faites un Auteur, & ses idées sur la composition, sur le beau, le vrai, ajustées à sa manière de sentir & à ses talens. Il s'agit d'instruire, de plaire, d'intéresser. L'Ouvrage est entre les mains du Lecteur, & il plaide mieux pour ou contre l'Auteur, que tous ses raisonnemens.

CONSIDÉRATIONS
SUR L'ESPRIT
ET LES MŒURS.

DE L'ESPRIT.

L'Esprit est un mot qui ne présenta point d'idée nette & précise ; il n'exprime ni le genre, ni l'étendue de cette faculté suprême, qui commence à la plus simple pensée, & s'élève jusqu'à la plus sublime conception ; qui d'un côté embrasse quelquefois le plus vaste horison, & de l'autre, se trouve arrêté dans le plus étroit espace ; qui réunit la puissance & la foiblesse, suivant les objets auxquels elle s'applique.

La réunion de traits bien proportionnés jointe au coloris, constitue la beauté ; mais une figure peut plaire, en présentant seulement quelques traits agréables. Une femme sans être belle, peut avoir des beautés.

Il en est de même de l'esprit. Il faudroit inventer des termes pour en désigner les diverses parties. Ce mot, ainsi que celui d'aimer, n'a pas assez de nuances distinctives.

L'homme a senti, avant de connoître ; delà vient que les ouvrages des temps les plus reculés, sont remplis de métaphores & abondent en images. A mesure que les Sociétés se civilisent, que les lumières se répandent, le sentiment domine moins dans les écrits, parce que les hommes réfléchissent davantage : les premières compositions ont été dictées par le sentiment ; ce sont des Cantiques d'adoration pour les Dieux, des Hymnes amoureuses, ou le récit des faits héroïques d'une Nation. A mesure que les langues se perfectionnent, le nombre des mots abstraits, devient plus considérable, & il y a moins de hardiesse dans l'expression ; on parle alors plus à l'esprit qu'à l'ame, on définit plus qu'on ne peint.

Un

Un Auteur célèbre a prétendu que l'éducation seule établit la différence des esprits & des talens. Un tel système mérite à peine d'être réfuté : il n'est pas nécessaire de s'enfoncer dans les ténèbres de la métaphysique, pour en démontrer la fausseté : la plus légère réflexion & les faits suffisent pour se convaincre que l'homme de génie doit tout à la nature. S'il en étoit autrement, tous les élèves d'une Académie de peinture ou de sculpture deviendroient des Raphael ou des Bouchardon. On voit encore d'une manière sensible l'insuffisance de l'étude & de la pratique dans l'application constante & sans aucun progrès aux jeux de commerce, à celui des échecs & à tous ceux qui demandent quelque combinaison. Le terme où l'on doit rester est bientôt atteint; & l'intérêt, l'avidité, l'amour-propre, vivement excités chaque jour, ne peuvent le faire franchir.

Je vais essayer de définir l'esprit, pour fixer mes idées & m'entendre en quelque sorte moi-même.

Il me semble qu'on peut dire que l'esprit est la connoissance des causes, des rapports

& des effets. L'esprit de profondeur remonte aux causes ; celui d'étendue embrasse les rapports ; celui de finesse consiste à juger promptement des effets. C'est un tact particulier que ce dernier genre : il semble appartenir spécialement aux femmes, & c'est pourquoi peut-être chez les Germains, on leur attribuoit quelque chose de prophétique & de divin.

Locke a donné une définition de l'esprit supérieure sans doute à la mienne. Il consiste, dit-il, à distinguer en quoi les objets qui diffèrent se ressemblent ; & le jugement, en quoi les objets qui se ressemblent, diffèrent. Cette distinction jette un grand jour sur la nature de l'esprit & de la partie qu'on appelle jugement, qui se trouve par-là très-bien établie & désignée. Mais il faut en revenir à une notion plus simple. L'esprit, est l'aptitude à penser, est la pensée elle-même. Tout se borne pour l'intellectuel, comme pour le physique, à deux opérations : la conception & la production. L'homme qui pense le plus, qui détermine le plus à penser, possède au plus haut degré le don de l'esprit. Combien d'Auteurs examinés rigoureusement dans ce rapport, perdroient de leur réputation ? Il y a plus de pensées dans telle page de Montaigne, de la Bruyère, de Montesquieu, que dans un Poëme entier. Connoître, sentir, définir & peindre, voilà l'emploi & le caractère du génie, de l'esprit & du talent.

Si l'on faisoit l'analyse de plusieurs ouvrages, & que, laissant à part le coloris & la manière, on s'arrêtât uniquement à ce qui est profondément pensé, à ce qui étend la sphère de l'intelligence du Lecteur, on seroit étonné de la médiocrité du résultat.

On a comparé l'esprit à la vue, & rien n'en peut donner une plus juste idée, en présenter une image plus sensible. Toutes ses opérations peuvent être assimilées à celles de l'œil qui semble être l'âme matérielle du corps. Appercevoir les objets, distinguer leurs formes & leur différence, juger de leur distance, voir nettement, promptement & loin; voilà les propriétés de l'esprit & des yeux. On a trouvé sans s'en être rendu compte, ces rapports si justes, qu'on use des mêmes expressions pour déterminer les qualités de l'esprit & celles de la vue. Netteté, perspicacité, pénétration, finesse; obtus, hébété, stupide, aveuglement, sont des mots appliqués à l'un

B ij

& à l'autre. Des yeux exercés sur certains objets y découvrent des nuances qui échappent aux yeux pénétrans qui n'ont pas la même habitude. C'est ainsi que l'œil d'un connoisseur en peinture, distingue promptement une copie d'avec un original ; l'homme de lettres, l'homme d'esprit saisit de même avec promptitude dans un ouvrage, ce qui tient au génie, au style d'un grand écrivain. Il démêle rapidement au simple énoncé d'une proposition, des conséquences éloignées ; dans un principe qui paroît isolé, une foule d'applications ; dans une idée simple, la sublimité ; dans une idée brillante, la fausseté & l'affectation.

Si l'esprit n'est autre chose que la pensée, s'il ne consiste qu'à bien voir ; pour en apprécier les qualités, il faut assigner les degrés de son élévation, mesurer l'éloignement des objets, déterminer l'obscurité qui les environne & leur complication. Celui qui aura percé à travers la plus grande obscurité, qui aura apperçu clairement les objets à la plus grande distance, sera l'esprit supérieur.

Qui peut, d'après ce principe, refuser à

Newton, au Chancelier Bacon qui avoit deviné ce que Newton a démontré, le premier rang parmi les intelligences supérieures de ce monde ? L'humanité doit s'enorgueillir, lorsqu'elle contemple Newton déterminant les loix des corps célestes qu'il soumet à la rigueur des calculs, fixant les règles de la marche inégale de l'astre de la nuit & la figure de la terre, par les mêmes loix qui en dirigent le mouvement; interrogeant le ciel pour réformer l'histoire. On admireroit un particulier qui, dans l'obscurité de son cabinet, auroit pû deviner la politique d'un Ximenès, d'un Richelieu, leurs principes & leur but; mais ici c'est Dieu même, ce sont ses loix immuables qu'un mortel a sçu pénétrer.

La connoissance de l'homme, des ressorts qui le font agir, des moyens de le diriger, d'assujettir ses penchans, doit placer le philosophe, le législateur immédiatement après. Ce sont les Newtons du monde moral. Dans la même classe, sera l'historien qui assigne les causes des révolutions des empires, les vices de leur constitution, qui trace, au milieu des décombres de l'antiquité, la marche de l'esprit humain. Les Poëtes forment une classe à part : les uns n'ont que du talent, & d'autres à l'harmonie joignent la philosophie, le sentiment & la pensée. Rousseau dénué souvent de pensée & de philosophie, Rousseau qui parle si rarement à l'âme & à l'esprit, remarquable seulement par l'harmonie de son style, pourroit n'être considéré que comme un Musicien.

En suivant le même principe, en examinant l'étendue de la faculté de penser, on doit distinguer les pensées, suivant qu'elles sont profondes & lumineuses. Il en résulte qu'il est de grandes différences dans le mérite qu'on doit accorder à des ouvrages de philosophie ou de morale. Il semble cependant qu'une fois rangé dans une classe, comme sur un rayon de bibliothèque, un Auteur aux yeux de la plupart, soit égal à un autre. A force d'entendre citer ensemble Montaigne, la Bruyère, la Rochefoucault, Duclos, on seroit tenté de croire que leur esprit est au même niveau. Duclos, tout ingénieux qu'il est dans ses définitions, quelque soit la sagacité qu'il montre dans l'apperçu de quelques nuances, est bien au-dessous de Montaigne & de la Bruyère. La vue de Duclos est nette, juste; mais ne s'étend pas loin. Il connoît l'homme, mais celui de Paris, d'un certain monde, du moment où il écrit: Il n'a peint souvent qu'un être fugitif. L'horison de ses idées est borné. Dans un autre pays, dans un autre siècle, l'homme de Duclos sera presque inconnu. Cet Auteur sera comme les Peintres dont on ne recherche les tableaux, que parce qu'ils font connoître les habillemens & les modes de leur temps. Il étoit cependant cité il y a vingt ans à côté de Montesquieu, de Buffon, de Jean-Jacques Rousseau. Il est facile de trouver la raison de ses succès. Le genre de son esprit qui étoit la précision, la justesse, la sagacité jusqu'à une certaine hauteur d'idées, lui donnoit un grand avantage dans la conversation. C'est de lui qu'on a dit le premier, *qu'il avoit son esprit en argent comptant.* Duclos saisissoit avec promptitude les objets qui étoient le plus à la portée de la société de son temps & qui l'intéressoient. Il devoit y produire le plus grand effet. Quand il a voulu s'élever, il a montré les bornes de ses talens. Le Peintre de quelques portraits a été au-dessous du médiocre, quand il a tenté d'être Peintre d'histoire. Duclos traçoit les mœurs, les ridicules, les vices, les fausses vertus des gens avec lesquels il soupoit, & il n'avoit pas soupé avec Louis XI.

De l'influence des passions.

Les passions en échauffant l'âme donnent à l'esprit un élan qu'il n'a pas naturellement. C'est encore une source d'erreurs pour ceux qui jugent, parce que l'on ne peut concevoir ce que la passion prête de moyens, d'esprit, de sentiment à l'homme de sang-froid & alors réellement médiocre. La passion embellissoit le Kain. On oublioit sa taille ignoble & ses traits grossiers; il s'élevoit, s'ennoblissoit : Le Kain disparoissoit, & son âme donnoit à son extérieur la noblesse, la fierté d'un héros. C'est en songeant au pouvoir créateur des passions, qu'une femme à qui l'on témoignoit de la surprise de l'amant qu'elle avoit choisi, dit pour toute réponse : *Vous a-t-il aimé ?*

Lorsqu'on n'est susceptible de montrer une certaine étendue d'esprit qu'au moyen des passions stimulantes, ou n'a pas essentiellement le don de l'esprit.

On pourroit, je crois, établir que l'homme supérieur n'a pas besoin du secours des passions pour développer son esprit, qu'il est nécessaire à ceux qui sont au second rang, & que le stupide est celui qui même avec ce secours, ne montre pas quelque étincelle d'esprit.

Il doit y avoir dans le siècle actuel beaucoup d'erreurs de jugement sur l'esprit, parce que la langue des gens d'esprit, celle des sciences, des arts, sont à la portée d'un plus grand nombre. Il est plus facile par conséquent d'en imposer. Ce n'est point être riche & magnifique que de s'habiller à la friperie; mais on fait illusion au peuple.

Il est devenu facile d'écrire en tout genre. La propagation des lumières, la foule innombrable d'écrits, les Journaux, les commentaires sur les grands Ecrivains, les extraits, les dissertations critiques ont formé un dictionnaire général d'idées, de résultats, de jugemens, où chacun peut trouver à s'assortir & puiser la matière d'un ouvrage, en changeant, décomposant, délayant. Sans esprit, on peut faire un livre sur l'administration, sur la morale, faire des vers, des couplets, des comédies. Tout le monde, en fait d'esprit, semble avoir dans ce siècle le nécessaire, mais il y a peu de grandes fortunes.

C'est par un effet de cette multiplication de lumières qu'un Ecrivain peut, sans avoir la plus légère teinture de géométrie, faire l'éloge de Newton ou de Descartes, analyser leurs ouvrages; qu'un autre peut faire, sans aucune connoissance de l'art militaire, l'éloge de Turenne ou du Maréchal de Saxe, apprécier en quelque sorte leur mérite, & juger de leurs fautes.

Dans le siècle de Louis XIV, siècle des plus grands talens, Bernouilli seul eût fait l'éloge de Descartes, Puiségur ou Feuquieres celui d'un Général. Bossuet, Fléchier, ont célébré Turenne & Condé, mais ils n'ont fait que saisir & tracer les traits principaux de leur caractère; ils ne parlent point de leurs campagnes, de leurs talens en gens du métier. Il est facile d'écrire aujourd'hui sur la Peinture, l'Architecture, la Musique, sans avoir les premières notions de ces Arts.

Les talens tiennent plus aux circonstances qu'on ne croit, parce qu'elles déterminent leur essor. Si Fénelon n'eût pas été précepteur du Duc de Bourgogne, il n'auroit pas composé un ouvrage d'imagination & de sentiment, & c'est à cet ouvrage seul qu'il doit sa réputation. Une aventure ridicule a fourni à Piron le sujet si riche, si comique de la Métromanie : il étoit sans cet événement au rang des Auteurs médiocres.

De l'Esprit d'affaires.

Il ne faut qu'une dose très médiocre d'esprit pour avoir des succès dans les affaires. On est borné à décider dans la plupart des places des questions mille fois décidées. On n'a besoin que d'une certaine activité nécessaire pour une prompte expédition, que d'embrasser des détails familiers par l'habitude, d'avoir présens à l'esprit le texte de quelques réglemens, des formes prescrites, des usages qui ont force de loi. Les lumières, les secours arrivent de toutes parts à l'homme en place, en raison sur-tout de son élévation. Les affaires sont à l'avance examinées, discutées. On ne les lui présente que tamisées en quelque sorte, & mises dans un tel jour, qu'à moins d'être stupide, la décifion fauté aux yeux. Un homme doué d'une médiocre intelligence, qui a quelque mémoire & de l'application, peut acquérir une grande réputation, fur-tout, s'il a une phyfionomie impofante ou fpirituelle. L'expérience nous apprend d'ailleurs que la plupart des fuccès font dûs au caractère de l'homme en place, bien plus qu'à fon génie. On confond l'un & l'autre, parce qu'il fuffit, pour donner l'idée du mérite, d'atteindre au but qu'on fe propofe. L'importance de l'objet fait préfumer auffi l'étendue des moyens : On juge les Acteurs par le théâtre fur lequel ils repréfentent. Par une fuite de cette manière de juger, nous fommes portés à refufer les qualités de l'efprit à celui qui s'eft trouvé au deffous de fon état & du rôle qui lui étoit affigné. En fongeant à l'indolent & foible Gafton, on fe rappelle bien rarement qu'il avoit beaucoup d'efprit & d'éloquence. Mais il faut diftinguer pour l'élévation du génie, l'homme d'état d'avec l'homme propre aux affaires. Dans tous les fiècles, le premier fera toujours un homme fupérieur & rare. La fphère de fes talens, de fon génie, eft immenfe ; l'autre eft étroite, & circonfcrite. L'un fe détermine par les plus profondes méditations, fouvent par des apperçus rapides qui tiennent de l'infpiration ; l'autre marche toujours dans un chemin frayé, & connoît uniquement le pofitif : il lui faut plus de mémoire que d'idées. Si l'on préfente à l'homme d'affaires une queftion de morale, il fe trouve déconcerté, fans guide ; on le voit errant dans les ténèbres, ou cacher fon incapacité fous l'apparence du dédain. La moralité de l'homme eft au contraire une fource de lumières pour l'homme d'état, pour le génie politique, ainfi que pour le Philófophe.

C'eft fur l'efprit des gens du monde qu'on porte le plus de faux jugemens. C'eft dans le monde que l'on entend vanter, exalter des gens qui, réduits à leur jufte valeur, paroiffent devoir être dans la tourbe commune. Fatigué des louanges outrées ou fans fondement, révolté de certaines exiftences contre lefquelles il feroit dangereux fouvent de s'élever ouvertement, on éprouve le befoin de faire dire à des rofeaux : *il a des oreilles d'âne.*

De l'Efprit des gens du monde.

La réputation des gens qui fe livrent au

bel esprit, est souvent très-équivoque. Premièrement, tout s'apprend, & il est dans chaque siècle un degré de talent qui appartient à tous, au moyen d'un peu d'application. Secondement, le rang, la richesse assurent à l'avance un grand nombre de suffrages. Le grand Seigneur, l'homme riche, qui a le goût des lettres, n'a point de rivaux parmi ses égaux; ils sont au contraire flattés de voir que dans leur ordre, il se trouve des talens: ils sont persuadés que s'ils se donnoient quelque peine, la plupart d'entre eux seroient distingués par leur esprit, comme ceux qui se sont voués à l'étude & aux lettres, & qui en font leur état. Les Gens de Lettres, de leur côté, voient sans envie des talens dont ils connoissent la médiocrité. Les vers du plus mince Auteur suffiroient pour faire une réputation à un homme distingué par sa naissance, ses emplois, ou ses richesses.

Ce siècle doit être celui de la prétention & des petits talens, parce que l'on peut se composer facilement un esprit, comme on se forme un cabinet de livres ou d'histoire naturelle.

C'est l'Esprit du siècle & non celui de l'Ecrivain qu'on trouve dans plusieurs ouvrages.

Un homme du monde saisit quelques nuances délicates de la Société, il croit avoir de l'étoffe pour une pièce, il fait une comédie. On s'extasie sur la finesse de ses apperçus, sur ce qu'on appelle *le ton*. Il n'a au fond que le petit mérite d'avoir employé le jargon d'une certaine classe, d'avoir saisi des choses communes qui sont à sa portée, qui n'ont d'intérêt que pour quelques personnes & tiennent aux circonstances. L'art de ces à propos décèle la médiocrité, autant qu'elle assure le succès du moment. A l'appui de ce que je viens de dire, j'observerai qu'on voit des amateurs faire des comédies de Société qui, suivant l'éclat ou la mode des personnes qui la composent, ont un succès éphémère; mais aucun ne s'élève jusqu'à la Tragédie. La connoissance du monde, du ton qui règne, des intrigues du jour, toutes ces nuances fugitives qui sont à la portée des gens du monde, ne seroient d'aucun secours pour faire agir & parler des héros, pour toucher le cœur, élever l'esprit & charmer l'oreille.

Les femmes ont encore plus de facilité pour se composer une réputation. Elles sont toujours maîtresses de la chambre, écoutées avec attention & intérêt. Elles peuvent à leur gré détourner la conversation, ou l'amener sur un sujet qui leur est familier, sur leur lecture du matin. Les hommes, loin d'être jaloux de leurs succès, les favorisent; ils sont disposés à entendre finesse aux choses les plus simples qui leur échappent, ils leur tiennent compte des connoissances les plus superficielles. Si vous ajoutez à cette facilité qu'ont les femmes d'exciter l'attention & l'intérêt, l'empire d'un souper, un nom, des richesses, du crédit, de la beauté; une caillette peut être aisément mise au rang des la Fayette, des Sévigné. Sa réputation une fois établie, qui osera l'attaquer? La société entière se souleveroit contre l'audacieux qui tenteroit de détruire un culte consacré peut-être déja par une génération.

Montesquieu & Voltaire ont une gloire qui leur est particulière : Ils sont les créateurs de l'esprit de leur siècle. Il est des Ecrivains parmi les anciens qui les ont sans doute égalés en talens & en esprit. Il n'en est aucun qui ait
fait

fait en morale & en politique une révolution aussi étonnante, qui ait influé comme eux sur l'esprit, les mœurs de toutes les classes de la Société. Les opinions, les sentimens de Montesquieu & de Voltaire s'étendent sur tous les objets qui intéressent le monde pensant.

Il n'est pas d'ouvrage, de conversation, où l'on ne puisse démêler, soit dans les pensées, soit dans la manière de les rendre, quelque chose qui décèle la lecture de ces grands Ecrivains. Les lumières qu'ils ont répandues contribuent à peupler le monde de demi-Savans, parce qu'ils ont mis à la portée de tous, des idées neuves & intéressantes. On croit tirer de son propre fonds ce qu'on doit à la richesse générale. Quelques lambeaux de Montesquieu suffisent pour composer un ouvrage sur les Gouvernemens: ses pensées ressemblent à l'or dont une petite quantité suffit pour dorer une grande étendue. On se croit Philosophe quand on a délayé quelques idées de Voltaire, qu'on a tâché de saisir sa manière, qu'on s'est traîné dans la voie qu'il a ouverte.

De l'Esprit de Conversation.

L'Esprit de conversation n'induit pas moins en erreur ; le nombre des idées qu'il comporte est circonscrit : il s'exerce sur les personnes plus que sur les choses. Il faut user de ménagement pour les personnes, & si l'on traitoit quelque sujet, on ennuiroit. Il faut donc que l'homme du monde se fasse un art de parler sans rien dire. Le ton, la manière, la légéreté font ses succès : il lui est permis d'avoir de la finesse, jamais de profondeur. L'imagination paroît devoir être la qualité de l'esprit qui doit faire réussir dans le monde, parce qu'elle multiplie les tournures, qu'elle offre des manières piquantes & variées d'exprimer les mêmes choses.

L'esprit & la réflexion rendent peu propre à la Société, où l'on ne réussit que par une sorte d'aptitude à imiter, que par la faculté de se pénétrer passagérement des sentimens d'autrui ; plus on a d'esprit & de caractère, & plus on est soi. Une telle disposition, apportée dans un cercle, établit une différence marquée, & pour réussir, on ne doit différer que par des nuances imperceptibles.

Les pensées sont le résultat de la réflexion, & c'est l'enchaînement de diverses idées qui peut porter de la lumière sur un objet. Celui qui, doué d'un grand génie, est habitué à la réflexion, ne peut avoir dans la Société, cette liberté d'esprit nécessaire pour sauter d'une idée à une autre; entraîné à approfondir, il ne peut se borner à effleurer un sujet, & à se ravaler sans cesse pour se mettre au niveau de ceux qui l'écoutent. Un esprit qui a plus de vivacité que de force, plus de saillie que d'étendue, & qui saisit promptement quelques rapports dans un cercle étroit de pensées, doit être le plus propre à la conversation.

L'Homme, cité, fêté dans la société, ne doit pas s'enfler de présomption. S'il avoit plus d'esprit, s'il étoit doué d'une forte imagination, d'un caractere déterminé, il ne seroit pas aussi accueilli.

Cet homme aimable, qui sait quelques histoires qu'il regarde comme son patrimoine, qu'il est seul en possession de raconter, qui connoît à fond les convenances & les usages, qui ridiculise si finement ceux qui y dérogent par mépris ou par ignorance, cet homme qui se croit supérieur, est insipide dans un tête-à-tête, & se trouve réduit à une silencieuse impuissance dans la conversation des gens d'esprit, d'hommes instruits: aussi les trouve-t-il des pédans ennuyeux, & suivant l'usage constant des sots, il les appelle des métaphysiciens.

L'esprit de conversation est purement relatif, & lorsqu'on entend vanter à quelqu'un une personne de sa société, cela ne prouve quelquefois autre chose, sinon qu'elle a plus d'esprit que celui qui en parle.

Les hommes de génie ont rarement eu de l'avantage dans la conversation avant d'être annoncés: ils ne font effet que précédés de leur réputation. On trouve bon alors qu'ils sortent du cercle des idées communes à cause de la rareté, & pour dire qu'on les a entendus. L'amour-propre de ceux qui les écoutent est intéressé à leur prêter quelque tems une attention favorable: mais leur conversation seroit une nourriture trop forte, si elle étoit journalière.

La plupart de ceux que la Société comprend sous la vague dénomination de gens d'esprit, ont plus de prétentions que de droits.

Un homme qui plaît à une société en crédit; celui qui a quelque talent pour les affaires; celui qui garde précieusement quelques vers médiocres dans un porte-feuille, & qui les récite avec art dans un auditoire favorablement disposé; celui qui a fait une chanson dans sa vie, une petite piece à tiroirs qui n'est que le récit de quelque intrigue de la société; celui qui sait l'anglois, qui a fait un voyage en Angleterre, qui parle de jardins, de gazons & qui a soin d'employer les expressions à la mode; le complaisant d'une femme considérée, l'ami d'un auteur célèbre, l'amant d'une femme d'esprit, celui qui donne à dîner à des gens de lettres, qui arrange des lectures, qui sait par cœur quelques vers d'un ouvrage qui n'est pas encore imprimé; tous ces personnages se croient des gens d'esprit & en obtiennent la réputation, pour peu qu'ils aient d'accès dans la société.

Rien n'est plus difficile que de juger de l'esprit & des talens. Il faut soi-même en avoir beaucoup, & les hommes du plus grand génie ne font pas toujours ceux qui jugent le plus sûrement. On dit communément qu'ils ont le talent de faire ressortir l'esprit de ceux qui paroissent en avoir le moins. En voici, je crois, la raison. Plus on est élevé & moins on fait d'efforts pour l'être ; plus on croit simple par conséquent & naturel que les autres soient au même niveau. Lorsqu'un homme médiocre répéte un axiome, un résultat qui n'appartient qu'à sa mémoire, l'homme de génie est porté à croire qu'il a fait le chemin nécessaire pour parvenir à cette vérité ; incapable de s'approprier les idées d'autrui, il croit facilement que les autres pensent par eux-mêmes. Enfin comme on ne lui dispute rien, il est de facile composition avec l'amour-propre des autres ; c'est un grand Seigneur qui ne craint pas de se compromettre par ses politesses. Qui sont donc ceux dont on ne peut récuser le jugement ? Le public seul, dira-t-on. C'est l'hydre à cent têtes : ce qui échappe à l'un, frappe l'autre ; chacun envisage un côté, & le résultat du choc de diverses opinions forme un jugement sûr.

Il est un tribunal dont les jugemens sont plus prompts & aussi sûrs que celui du public ;

c'est celui des sots. Ils ont un tact qui approche de la divination pour connoître, ou pour mieux dire, sentir l'esprit. Le premier hommage que reçoit l'homme supérieur, est la haine des sots; ils s'empressent de prononcer un rigoureux ostracisme contre ceux que leurs talens, leur esprit élevent au-dessus d'eux. Leurs foibles yeux font connoître l'existence de la lumière par le tourment qu'ils éprouvent. Les sots sont plus promptement avertis par leur crainte, que les autres par leur discernement. Admirons à cet égard la Providence qui porte à écarter par instinct ce qui peut nuire & offusquer. La République des sots, à l'exemple d'un ancien, conseille toujours d'abattre les têtes des arbrisseaux & des fleurs qui surpassent la hauteur commune. Les sots doivent triompher; ils se tiennent, ils font corps, ils ont une langue qui leur est propre. « C'est » un homme dangereux, extraordinaire, un » homme à systêmes, un métaphysicien, un » fou ». Voilà les mots consacrés par les sots pour désigner un homme supérieur.

En réfléchissant à la marche de l'esprit, au progrès des lumières, à leur distribution générale, à la multitude des ouvrages de tout genre, il me semble quelquefois qu'il viendra un tems où il sera impossible, autant qu'il sera inutile d'avoir de l'esprit & des talens. Le domaine de la pensée sera comme un vaste pays, dont la carte sera tracée sur une grande échelle, & dont les plus petites parties seront connues. Montaigne, la Rochefoucault, la Bruyere, Duclos, Richardson, Voltaire dans ses Romans philosophiques, ont fort avancé les découvertes en morale, &c. Lorsque des philosophes auront encore répandu plus de lumières sur cette partie, lorsque l'on connoîtra les plus petits replis de l'amour-propre, qu'on aura expliqué toutes les apparentes contradictions de l'homme, que les Auteurs dramatiques auront mis en action, exposé en spectacle ce qui est en maximes, que les symptômes, la pantomime des passions seront indiqués, connus, leur accent notté, leur geste dessiné; l'homme ainsi exposé aux yeux de tous, sera comme une pendule à jour dont on voit tous les ressorts, dont l'œil suit tous les mouvemens.

Tout sera réduit alors en axiomes, en maximes constantes; personne ne pourra échapper à la pénétration générale. La vérité ou la fausseté d'un sentiment sera connue à des signes autrefois imperceptibles & qui exerçoient toute la sagacité de l'observateur. Une femme saura avec précision si elle est aimée de son amant & à quel degré, parce qu'il y aura des symptômes infaillibles pour connoître si c'est l'imagination exaltée ou la vanité flattée qui l'attache, s'il ne suit que l'impulsion des sens, ou s'il cède à une véritable passion.

Tous les genres d'esprit seront connus; on aura des thermomètres sûrs pour les indiquer & en fixer les degrés. On saura qu'un tel genre d'esprit est incompatible avec un autre; on distinguera, on assignera ce qui appartient au caractere, & ce qui appartient à l'esprit. On saura d'avance qu'un homme sera un grand Ministre, un grand général, à certains traits caractéristiques, à certaines manœuvres. Chaque physionomie soumise à des règles certaines, à un jugement prompt & sûr, ne pourra plus en imposer.

A cette époque on ne fera plus de livres; la satiété engourdira tous les esprits. Quels ouvrages pourroit-on composer? Le champ de la morale & de la politique sera entièrement défriché, toutes les situations comiques & tragiques épuisées, connues de tout le monde.

J'imagine que dans ce temps de lumières & de dégoût, les conversations seront fort languissantes. Toutes les pensées seront réduites en proverbes ou sentences: il y en aura sur toutes les matières, & l'éducation consistera sans doute à inculquer de bonne heure trois ou quatre volumes de proverbes. Il sera si aisé de faire des vers, que ce ne sera plus un mérite; ce seront des centons, des hémistiches pris dans tous les ouvrages connus. Seroit-ce l'administration qui offriroit une vaste carrière à l'esprit ? je ne le pense pas. Sa sphere est plus bornée qu'on ne croit; ses principes sont connus, & c'est le moral seul qui en empêche l'application ; ce sont les contradictions qu'on veut allier, qui embarrassent l'administrateur. On veut que les peuples soient heureux, on s'occupe de simplifier le régime de l'impôt ; le mot de bienfaisance est dans toutes les bouches; mais en même temps les anciens abus, le délire des guerres, l'aveuglement de la routine feront exiger long-temps des peuples par delà ce qu'ils peuvent payer avec facilité.

Qu'on baisse l'impôt jusqu'à la faculté réelle des contribuables, & dès-lors on aura atteint le but le plus sublime de la science économique. Les impôts destructeurs seront supprimés, un tribut proportionné sera établi, le commerce sera libre & florissant.

Quelle ressource aura donc un jour l'esprit humain agité par son énergie pour se manifester ? Seroit-ce l'éloquence ? Elle est bannie des Monarchies, & les figures, les métaphores, les grands mouvemens seront connus, indiqués par des règles. L'éducation hâtera ces progrès. Quand un plan judicieux, éclairé, approprié à nos mœurs, sera substitué aux formes actuelles; les sciences seules pourront servir d'aliment à l'esprit ; mais l'inertie générale ne permettra pas une grande application.

Dans cet état de langueur où l'homme doit être entraîné par le cours des choses, il n'aura peut-être d'autre ressource dans dix ou douze générations, que celle d'un déluge qui replonge tout dans l'ignorance. Alors de nouvelles races s'occuperont de parcourir le cercle dans lequel nous sommes déjà peut-être plus avancés que nous ne croyons.

L'esprit s'étend, se fortifie comme le corps, & diminue ou s'éteint faute d'aliment.

Il est assez commun de voir des personnes qui ont eu dans leur jeunesse une réputation d'esprit, qu'elles ne peuvent soutenir à quarante ans. La vivacité de l'âge, l'ardeur des passions, la nouveauté des objets qui les frappoient, la gaieté qui embellissoit tout à leurs yeux, le goût & le ton du moment qu'ils avoient saisi, donnoient dans leur jeunesse l'essor à toutes leurs facultés. Ils étoient intéressés, animés; ils pensoient, ils sentoient. Mais lorsque les passions ont cessé de les échauffer, lorsque la vivacité de leurs sentimens s'est émoussée, leur esprit est demeuré sans vigueur faute d'exercice, & s'est trouvé circonscrit dans un petit nombre de pensées & d'expressions. Le goût & le ton ayant changé, ils ont perdu tout leur mérite.

En raison de ce que l'on jouit d'un plus

grand fonds de bien, on a moins besoin d'argent comptant. En raison de la vivacité de la conception, on a moins besoin de savoir.

L'esprit qui n'est point échauffé par la chaleur de l'âme, élevé par ses élans, peut avoir de la finesse, de la sagacité, mais il n'atteint jamais à la hauteur du génie. L'esprit brille sans échauffer, comme une flamme légère : c'est dans l'âme que réside la chaleur qui se communique. L'esprit peut servir à diriger les hommes; mais seul, il ne les entraîne jamais : l'âme seule agit sur les âmes.

Le génie semble résulter d'une grande force de sentiment jointe à l'intelligence; l'homme de génie est dominé par ses idées, & il est entraîné dans la route qu'il suit. L'homme d'esprit a plus de souplesse, & peut changer plus aisément de direction, la variété des talens appartient à l'esprit plus qu'au génie.

Il est des personnes qui obtiennent une réputation éphémère d'esprit, & auxquelles les hommes éclairés refusent leur suffrage. D'autres fondent leur réputation moins brillante pour le moment sur le sentiment des connoisseurs.

Je suppose qu'un homme possède un gros diamant faux ; il éblouit la multitude qui fait peu d'attention à une pierre précieuse d'un moindre volume : les lapidaires seuls l'apprécient à sa valeur.

Il est commun d'entendre distinguer le bon-sens & l'esprit, vanter l'un aux dépens de l'autre. Les gens médiocres excellent dans l'art de relever les fautes des hommes d'esprit, & ils ont leur raison pour donner toute préférence à ce qu'ils appellent bon-sens Mais comprennent-ils ce qu'ils disent ? C'est ce qui n'est pas clair. Un coursier vigoureux, qui s'élance avec impétuosité dans une vaste plaine, qui franchit d'un saut léger de larges fossés, fait quelquefois des faux pas, tandis qu'un cheval sans vigueur parcourt d'une allure tranquille & assurée un petit espace.

Le bon-sens est une foible lumière, qui éclaire un horison borné, & qui suffit pour conduire sûrement celui qui n'étend pas plus loin sa vue.

Lorsqu'on est vieux, on abrege ses jours

en se livrant aux plaisirs de la jeunesse. Voilà le langage du bon-sens.

« La vieillesse est un tyran qui défend sous « peine de la vie les plaisirs de la jeunesse. » Voilà l'expression de l'esprit. (1)

Il suffit souvent, pour obtenir dans le monde la réputation d'homme d'esprit, d'avoir quelque connoissance sur des objets étrangers à son état, & cette réputation est presque en raison du rang & de la fortune, C'est ainsi que dans les Académies, l'homme du monde est reçu à peu de frais, & cependant fait nombre avec les gens d'esprit & de talent.

Un Militaire, un Magistrat, n'ont de Rivaux que dans leur classe; mais celui qui prétend à la réputation d'homme d'esprit, est en guerre avec la Société; c'est la prétention universelle, & l'homme à cet égard ne fait point une classe à part, il est en rivalité avec les femmes.

Il n'est pas rare de voir des hommes sans

_____

(1) La Rochefoucault.

esprit qui n'ont jamais vécu qu'avec des gens d'esprit, qui ont sans cesse été occupés des querelles littéraires, qui protègent les Auteurs, vantent en ctitiquant leurs ouvrages; les gens d'esprit s'en servent quelquefois pour répandre & accréditer leurs idées dans le monde ; ils font du bruit & contribuent aux réputations ; ce sont des Missionnaires disposés au martyre pour des vérités qu'ils ne comprennent pas.

Oronte a toute sa vie voulu avoir de l'esprit, & n'a épargné ni soins, ni peines, pour en obtenir la réputation. Dès sa jeunesse, il s'est affilié aux Encyclopédistes & aux Économistes, afin d'être compté parmi eux, de s'étayer de leur appui, de faire une fortune d'esprit à leur suite. Une pension sur le Mercure vaque, une place à l'Académie est à remplir Oronte, intrigue, cabale en faveur de quelqu'un : tout ce qui tient à l'esprit, aux Gens de Lettres, est de son ressort : il faut que son nom figure avec tout événement qui intéresse la littérature. Assidu dans tous les bureaux d'esprit, il y présente les étrangers, & fait sa récolte pour aller briller dans d'autres cercles & faire le bel esprit

chez

chez des femmes. Oronte a été trois fois en pélérinage à Ferney, & montre les lettres flatteuses qu'il a reçues du patriarche de la Littérature. Il sait du grec, du latin, parle anglois, a voyagé en Angleterre & s'extasie sur la verdure des arbres & des prairies Britanniques. Il a fait des cours de Chymie, d'Anatomie, d'Architecture, de Peinture, de Musique. Sans être militaire, il parle de la tactique avec assurance. Que dis-je! Il peut écrire un ouvrage sur les sciences, sur l'économie politique, qui contiendra ce que tout le monde sait, & lui seul croira avoir dit des choses neuves. Oronte est l'ami de l'Auteur à la mode; c'est à lui qu'on s'adresse pour obtenir une lecture. Sa conversation est remplie des expressions nouvelles, & suivant le ton qui domine, il est gai, sensible, conteur, plaisant, politique, philosophe; mais tout cela, sans naturel, sans chaleur, sans agrément, sans profondeur : trente ans se sont écoulés dans cette pénible occupation. Que de soins perdus, Oronte ! je ne vous ai jamais entendu citer comme un homme d'esprit.

Un sonnet & quelques madrigaux suffisoient pour mettre un Poëte en réputation. De nos jours ; on parle à peine d'Auteurs qui ont composé une piece de Théâtre qui a eu du succès

Buffon dit : « on ne fait pas attention
» que l'âne seroit par lui-même & pour nous
» le premier, le plus beau, le mieux fait,
» le plus distingué des animanx, si dans le
» monde, il n'y avoit point de cheval. Il
» est le second au lieu d'être le premier, &
» par cela seul, il semble n'être plus rien :
« C'est la comparaison qui le dégrade ».

Beaucoup d'Ecrivains estimables de nos jours ne jouissent que d'une médiocre réputation. Ils figurent seulement dans les Bibliothèques, pour faire nombre en quelque sorte, & ils sont moins lûs que consultés. La raison du peu d'effet qu'ils produisent, est la supériorité de plusieurs Ecrivains qui ont mis à trop haut prix la renommée.

Il a paru depuis un siècle des hommes du plus grand génie dans tous les genres. Ils ont fixé la hauteur où l'esprit peut s'élever, &

___

(1) Buffon. Tom. 8.

tout ce qui n'atteint pas ce degré d'élévation, tombe dans l'obscurité. Il faut, pour produire un grand effet, réunir aujourd'hui la sagacité de l'esprit & l'érudition aux charmes du style. Montesquieu, si profond, si lumineux, qui traite d'objets si importans, n'auroit pas obtenu une aussi grande réputation, s'il n'avoit pas joint à l'intérêt du sujet & à la profondeur des pensées la manière la plus piquante de les exprimer.

Des hommes d'un grand génie ont été quelquefois dupes des réputations qu'ils ont trouvées établies dans leur enfance.

La Bruyère dit : « J'ai lû Malherbe &
» Théophile. Ils ont tous deux connu la na-
» ture, avec cette différence, que le premier
» d'un style plein & uniforme montre tout à
» la fois ce qu'elle a de plus beau & de plus
» noble, de plus naïf & de plus simple : il
» en fait la peinture & l'histoire. L'autre sans
» choix, sans exactitude, d'une plume libre
» & inégale, tantôt charge ses descriptions,
» s'appesantit sur les détails ; il fait une ana-
» tomie : tantôt il feint, il exagère, il passe
» le vrai dans la nature, il en fait le roman.

« Ronsard & Balzac ont eu chacun dans
» leur genre assez de bon & de mauvais, pour
» former après eux de très-grands hommes
» en vers & en prose. »

» Je ne sais, dit-il, si l'on pourra jamais
» mettre dans des lettres plus d'esprit, plus de
» tour, plus d'agrément & plus de style, que
» l'on en voit dans les lettres de Balzac &
» de Voiture. »

Malherbe a conservé sa réputation, & ce n'est pas parce qu'il a connu la nature, comme le dit la Bruyère. L'harmonie & la justesse des expressions ont fait passer ce Poëte à la postérité. Théophile n'est lu de personne, & rien de plus opposé à la nature, que l'affectation de son style & de ses pensées.

Le style de Balzac a de la noblesse & de l'harmonie, mais il est trop souvent guindé & emphatique.

Voiture a un style précieux, ses pensées sont recherchées, & l'on ne peut attribuer qu'au mauvais goût de son temps & à la disette d'Ecrivains distingués, la réputation dont il a joui, & qui en imposoit encore à la Bruyère.

Qui peut lire aujourd'hui sans dégoût les Poésies de Saint-Evremont ? La célébrité & le rang des personnes à qui elles étoient adressées, ont contribué sans doute dans le temps à leur succès. Les progrès qu'on a faits dans la politique & la morale, ont fait tomber dans l'oubli ses differtations sur les Grecs & les Romains. Saint-Evremont n'avoit que l'esprit de son siècle, qui ressemble à l'esprit de Société, & n'a qu'un succès passager. Il n'avoit ni talent pour la Poésie, ni une grande étendue d'esprit. Aimable, enjoué, spirituel, galant ; les succès de l'homme ont fait la réputation de l'Auteur.

Il est un assez grand nombre d'Auteurs qui réussissent au théâtre par des situations heureuses, par la pompe du spectacle & la nouveauté du sujet, & qui n'ont aucun succès à la lecture. Leurs vers sont durs ou traînans, leurs pensées communes, & l'illusion théâtrale seule peut soutenir leur pièce à la représentation. Ils se croient dans la classe des Corneille, des Racine, des Voltaire, tandis qu'ils n'ont pas

D iij

plus de rapport pour le talent avec ces hommes célèbres, que le décorateur.

Les Auteurs en bien petit nombre qui ont le talent très-rare d'écrire, qui joignent la poéſie de ſtyle à la force des penſées, obtiennent toujours des ſuccès au théâtre, quoique leurs pièces aient des défauts dans la conduite. L'harmonie du ſtyle, le ſentiment & la penſée charment plus le ſpectateur que les ſituations, & font diſparoître tous les défauts d'une pièce. Le premier mérite de tout Ecrivain eſt de ſe faire lire avec intérêt, & combien peu d'Auteurs tragiques obtiennent cet avantage !

L'eſprit au ſeizième ſiècle conſiſtoit dans l'érudition. Le bel eſprit a ſuccédé. Les grands talens ſe manifeſtèrent enſuite, & leur éclat s'eſt ſoutenu près d'un ſiècle entier. L'état d'épuiſement qui ſuit de grands efforts ſemble caractériſer l'époque actuelle. Les Littérateurs ont remplacé les hommes de génie; on raiſonne ſur les ouvrages du ſiècle précédent, on aſſigne les rangs, on écrit ſur l'art d'écrire. Beaucoup d'Auteurs ſont en état de donner des leçons, & bien peu de préſenter des modèles. Les principes du goût sont familiers, & l'habitude de juger a aiguisé le discernement général. Il y a plus de Juges éclairés, plus d'amateurs instruits, & moins d'hommes d'un grand talent. Quand on est jeune, on produit; mais lorsque la vieillesse appesantit les esprits, on ne fait plus que raisonner sur le passé. Tels sont les âges de la vie & telle semble avoir été la marche de trois siècles. L'époque actuelle présente l'image de la vieillesse. L'impuissance, l'admiration du passé, l'amour de soi-même qui est l'effet de l'âge & de l'insensibilité d'un coeur desséché, enfin l'attachement à l'argent semblent donner le caractère sexagénaire du siècle.

De la Cour.

Il est un pays dont les dehors semblent rians & animés, où l'on parle une langue qui est sonore & agréable, qui exprime souvent le contraire de la pensée, ou n'exprime rien. Ses habitans ont tous l'air occupé, & souvent n'ont rien à faire. Ils accourent à perte d'haleine & c'est pour attendre. Plusieurs vont dans ce pays, pour en revenir, en pouvoir parler & imposer aux autres. Le génie, l'esprit n'y sont pas nécessaires, ils y sont même dangereux. L'habitude & un instinct que dirigent la vanité & l'intérêt, suffisent pour se conduire habilement. La patience, l'assiduité sont nécessaires & tiennent souvent lieu de tout. L'humeur n'y domine jamais les esprits, & les dégoûts, les marques de dédain y glissent sur les âmes, sans laisser aucune trace apparente. Un seul homme, centre universel où tout vient aboutir, fixe tous les regards. Il marche, & tout est en mouvement; il s'arrête, & tout est immobile; il est chagrin, & tous ont l'air affligé; il rit, & tous les visages rayonnent de gaîté. Cet homme est adoré comme un Dieu, & n'a pas les plaisirs d'un homme. Il ne connoît pas la vérité, ni l'amitié. Il ne peut s'assurer de sa propre valeur par les suffrages libres de ceux qui l'environnent. On a de la grandeur d'âme, des mœurs, des vices ou des vertus, suivant ce qui lui plaît. Il ne faut pas perdre de vue ce pays; quelques mois d'éloignement vous y rendent étranger. Là, on obéit pour commander, on rampe pour s'élever. Là, on change à chaque instant de rôle; on est protégé & protecteur: on reçoit de vaines promesses, & on en donne d'aussi vaines dans le même quart-d'heure. Il semble que personne ne meurt dans ce pays; car à l'inſtant tout s'oublie & tout ſe remplace, ſans que rien paroiſſe avoir changé. C'eſt le ſéjour de l'envie & de l'eſpérance. Tandis que l'une tourmente, l'autre conſole & berce d'agréables chimères. La mort ſaiſit les habitans, au milieu d'eſpérances trompées pendant vingt ans, au milieu de projets qui demanderoient une autre vie. Ceux qui ne connoiſſent pas ce pays, le croyent un lieu de délices; ceux qui l'habitent le décrient, & ne peuvent s'en détacher.

Des Rois.

Les Rois n'ont pas d'amis. En voici la raiſon: ils n'en ont pas beſoin. Tout ce qui les environne à l'air, l'attitude & l'empreſſement de l'intérêt & de l'affection. Que leur ſerviroit d'avoir des amis? eſt-ce pour entendre la vérité? on ne la dit point à ſon égal: comment oſeroit-on la montrer à celui de qui l'on peut tout craindre & tout eſpérer?

Les Rois en général ſont ſecrets. C'eſt que la vanité, cauſe principale de l'indiſcrétion, ne peut avoir d'empire ſur eux: ôtez l'envie de ſe faire écouter, de paroître inſtruit, & la diſcretion ſera une qualité commune.

On dit que les Rois font diſſimulés, qu'ils conſervent un viſage égal au milieu des agitations. La véritable raiſon de cet empire ſur eux-mêmes, c'eſt que leur amour-propre n'eſt jamais en jeu, qu'ils ſont habitués à un viſage de repréſentation, enfin que leur fortune eſt toujours aſſurée: une bataille perdue peut les contrarier, mais n'intéreſſe pas en général leur fortune perſonnelle, & ils trouvent facilement des gens qui leur prouvent que les avantages que l'ennemi a remportés, ne ſont pas conſidérables. C'eſt ſans art qu'ils diſſimulent. C'eſt la nature des choſes qui fait qu'ils ont peu à exprimer, & par conſéquent à cacher.

Sénéque a dit que le plus beau ſpectacle pour la Divinité étoit de voir l'homme vertueux aux priſes avec l'adverſité. Un autre ſpectacle non moins beau, c'eſt de voir un Roi vertueux luttant contre les ſéductions qu'on s'efforce de multiplier autour de lui, fermant ſes oreilles à la voix de la flatterie, diſſipant les nuages qu'on éleve ſans ceſſe autour de la vérité : un Roi qui ſeroit aux honnêtes gens, eſt un homme bien éclairé.

Les Rois étoient autrefois en plus grande

communication avec leurs sujets. La fréquence des troubles, le pouvoir des grands, leur ambition forçoient les Souverains à conférer intimement avec des Prélats, des guerriers, des Magistrats, à ménager & caresser des gens accrédités parmi le peuple. Ils avoient besoin de s'assurer de la fidélité, du courage, de l'esprit de ceux qu'ils employoient, & que d'autres pouvoient attiter dans leur parti. Engagés par ces motifs à étudier les hommes, à les connoître, à les ménager, les Rois vivoient familièrement avec eux. Il en résultoit des épanchemens de confiance, des affections vives de la part des Monarques. Il devoit être par ces raisons plus commun de voir de grandes fortunes s'élever, effets d'un commerce intime avec le Prince. De là les favoris, les Ministres, dont l'éclat, les richesses & l'autorité nous étonnent.

De nos jours, la Puissance des Souverains est assise sur des bases inébranlables. Des armées nombreuses s'opposent aux troubles intérieurs, ainsi qu'aux invasions promptes. Il est peu d'occasions de montrer des vertus rares, d'exciter la reconnoissance des Souverains par des services distingués, de manifester de grands talens, parce que la sphère des affaires est bornée. Par ces mêmes raisons, il est peu de circonstances qui mettent à portée d'acquérir un grand ascendant sur les Princes qui ont à choisir, au moment, dans un nombre considérable d'hommes, des talens médiocres qui suffisent aux plus grands emplois. La familiarité des Souverains n'est déterminée par aucun besoin. Ils trouvent dans tous ceux qui les environnent une fidélité sans mérite, parce qu'elle n'a aucune épreuve dangereuse à subir.

Qu'il me soit permis de comparer les petites choses aux grandes pour mieux éclaircir mon idée. Un jeune homme qui a des maîtresses & des besoins fréquens d'argent, éprouve la nécessité de la confiance avec ses valets. Dans le besoin où il est d'agens discrets & empressés, il s'affectionne à ceux de ses gens dont il reconnoît la fidélité & la discrétion. L'homme sans passions & sans intrigue, ignore l'esprit, & le talent de ses valets; il n'a nul besoin de se confier à eux. Qu'importent les qualités, les talens, pour donner à boire, pour être derrière une voiture ? Il en est de même de ceux qui approchent les Souverains dans un temps calme où l'autorité est affermie.

Parallèle de HENRI IV & LOUIS XIV.

La postérité semble avoir ses engouemens comme les sociétés. Il est des hommes qui ont jetté le plus grand éclat dans leur siècle, dont on diminue le mérite d'après le cours des opinions du siecle suivant & les systêmes que se forment des Ecrivains qui donnent le ton. Le nom de Henri IV a semblé quelque temps éclipsé par celui de Louis XIV, qui avoit enivré sa Cour & la Nation de ses grandes qualités, frappé d'admiration & de crainte l'Europe entiere. Le poëme de la Henriade a ramené l'attention vers Henri IV. Ensuite l'application de l'esprit aux objets d'économie politique, a fixé plus particulièrement les regards sur l'administration de Sully & sur le regne de Henri IV. Les idées de gloire, de grandeur, n'ont paru que des chimères dangereuses, poursuivies aux dépens du sang & de la substance des peuples. Les vues simples & saines de Sully ont excité l'admiration, l'enthousiasme s'est emparé des esprits, les cœurs se sont échauffés ; on a fait honneur à Henri

IV de tout ce qu'avoit fait ou projetté son Ministre. On s'est empressé d'abattre les statues de Richelieu, qui avoit préparé le regne de Louis XIV. Ce Monarque, si admiré dans son temps, qui sembloit avoir fatigué la voix de la renommée, a été blâmé & rabaissé par l'opinion ; ses Ministres ont perdu de leur gloire. Louvois, aux yeux de la plupart, n'est plus qu'un Ministre laborieux, dont les vues étoient fausses, & qui a retardé par des réglemens multipliés & des loix prohibitives, les progrès de la culture & du commerce, & arrêté l'essor de l'industrie. Dans le calme de l'observation, je vais essayer de comparer Henri IV & Louis XIV ; & ce parallèle présentera peut-être à l'homme impartial quelques traits distinctifs à l'avantage de Louis XIV. Combien en est-il parmi ceux qui blâment aujourd'hui ce Monarque, qui, de son temps, auroient été entraînés par l'admiration, & qui auroient fait retentir les Académies de ses louanges ! Il faut, lorsqu'on veut apprécier les grands hommes, rapprocher toutes les circonstances où ils se se sont trouvés, exposer les sentimens qui régnoient de leur temps, les séductions dont ils étoient environnés, la force des préjugés qui

sur l'Esprit & les Mœurs. 63

subsistoient, & qu'il paroît si facile de vaincre, lorsqu'ils ont été usés par le temps.

Henri IV, endurci aux fatigues par son éducation, fut de bonne heure éprouvé par l'adversité. Il sentit qu'il étoit forcé d'être un grand homme, ou réduit en quelque sorte à la servitude. Le nom de Roi de Navarre ne doit pas en imposer : ce titre vain ne l'empêchoit pas d'être dans une dépendance absolue du Roi de France. La Cour de Henry étoit pauvre : c'étoit un chef de parti plutôt qu'un Monarque. Obligé à combattre perpétuellement & à négocier, l'amour étoit le seul délassement qu'il connût au milieu des fatigues de la guerre, & de l'agitation des intrigues. Les amorces dangereuses de cette passion ont plus d'une fois pensé l'égarer & l'empêcher de mettre à profit des instans précieux. Son esprit avoit de la vivacité, de la saillie. Les lettres ne lui étoient pas étrangères, & l'habitude des négociations l'avoit nourri de connoissances profondes en politique. Le cœur de Henri étoit capable de tendresse, en même temps que ses sens actifs étoient brûlans de désirs. Son cœur étoit d'autant plus sensible à l'amitié que des embarras extrêmes & des situations critiques lui en avoient fait connoître le prix & l'utilité, avoient excité dans son cœur les besoins de la confiance. Henri avoit vu de près les misères des peuples, & ce tableau affligeant se présentoit à son esprit, lorsque l'immense élévation du Trône l'en éloignoit. Habitué à la familiarité par les vicissitudes d'une vie agitée, obligé sur le Trône à des ménagemens envers des grands puissans & accrédités, porté par son penchant à la confiance, il tempéra l'éclat de la Royauté par les douceurs & les agrémens de la vie privée. Rapproché par sa manière de vivre & sa simplicité de toutes les classes des citoyens qu'il avoit parcourues avant son élévation, il inspira à ses peuples un sentiment de tendresse depuis long-temps inconnu. On le voyoit père, époux, ami, à la manière des autres hommes; & au milieu d'une Cour brillante, son intérieur présentoit un ménage ordinaire. Ces rapports avec l'humanité sembloient confondre la condition du Monarque & de ses Sujets, & le rendoient plus cher à ceux dont il sembloit devenir l'égal. Il eut des foiblesses, & dans les temps orageux où il se trouvoit, elles présentoient les plus grands dangers. Il voulut associer sa maîtresse au Trône, sans être retenu par la

perspective

perspective des troubles inévitables que devoit exciter un jour la naissance illégitime de ses enfans. Emporté par l'ardeur de ses desirs, il fait une promesse de mariage à une autre femme. Un Ministre fidèle, éclairé, laborieux, compagnon de ses travaux à la guerre, éclaircit le cahos de ses Finances, pénètre dans le dédale tortueux des opérations des partisans, combat avec courage l'avidité des grands, fait respirer les Peuples depuis si long-temps oppressés : il est vingt fois au moment de le disgracier. Biron, qui avoit partagé tous les périls de la guerre avec lui, se rend coupable d'un crime d'état; mais ce crime étoit si mal concerté, qu'il ne pouvoit laisser craindre de grands dangers. Henry paroît disposé à lui pardonner, mais il exige un aveu. Eh ! qu'importe que son ami égaré par une ambition frénétique avoue ou n'avoue pas ! Un crime d'Etat doit-il se traiter avec les vaines délicatesses d'une querelle d'amant & de maîtresse ? Devoit-il faire dépendre la vie de Biron de cet aveu superflu, qui coûtoit tant à cet homme altier ? Lorsque l'âge commence à s'appésantir sur lui, il se laisse encore surprendre par l'amour. A cinquante-huit ans, il devient éperdu de la

E

Princesse de Condé. Le mari, justement jaloux, abandonne la France, & le Monarque désespéré, inonde l'Europe de manifestes contre un Prince de son sang, qui a voulu dérober sa femme au déshonneur qu'il lui préparoit. Le Sévère Sully, le grave Jeannin, Villeroy blanchi dans les affaires de l'Europe, s'assemblent pour conférer des moyens de mettre la Princesse de Condé dans ses bras. Enfin, la guerre est prête à ravager l'Europe pour cette nouvelle Hélène. Une mort tragique, affreuse, enlève Henri IV, & ce terrible événement réveille la tendresse au fond de tous les cœurs, & laisse un long & douloureux souvenir de sa perte. Il n'a point vieilli, il meurt à la fois tout entier ; la Nation est attendrie & reconnoissante de tout le bien qu'elle suppose qu'il auroit fait.

Tel est Henri IV, Général consommé, soldat valeureux. Il fut entraîné par des foiblesses qui tenoient souvent à la sensibilité de son cœur, mais qui offusquoient la majesté du Trône. Homme privé dans sa Cour, sensible, spirituel, enjoué, plein de bonté sans doute, & sur-tout de bonhommie ; il ne put satisfaire ces courtisans envieux & insatiables, mais il répondit en partie à l'attente de ſes Peuples, & ſembla devoir la ſurpaſſer.

Louis XIV eſt né ſur le trône. En ouvrant les paupières il vit les hommes proſternés devant ſa grandeur, & le mot de Majeſté frappa ſes oreilles, mêlé à de douces leçons. Son éducation fut négligée & retardée peut-être avec projet. On avoit préſagé de bonne heure ſon caractère & la juſteſſe de ſon eſprit. C'étoit un arbre vigoureux planté daus un mauvais terrein, dont on n'arroſoit pas les racines, mais que ſa ſéve vivifiante faiſoit croître & pouſſer des rameaux. Il n'a ni ces ſaillies, ni ces bluettes qui marquent la légéreté d'un eſprit ſuperficiel, & que des maîtres flatteurs repètent à l'envi, embelliſſent à leur gré : la ſageſſe, la retenue ſe font ſeules remarquer dans ſes premières années. L'habitude, la familiarité & des marques de tendreſſe échappées à Mademoiſelle Mancini pendant une maladie grave qu'il éprouve, diſpoſent ſon cœur à l'amour. Il aime bientôt éperdument la niéce de ſon Miniſtre, d'un Cardinal Maire du Palais. Son reſpect pour ſa mère, la conſidération de l'intervalle qui le ſépare d'avec ſa maîtreſſe, lui donnent le courage de ſurmonter sa passion. Dévoré de l'amour de la gloire, capable d'affaires & d'une application soutenue, il est enchaîné par la reconnoissance qu'il croit devoir à un Ministre qui a tenu le gouvernail de l'état au milieu des tempêtes, à l'homme de confiance de sa mere, à qui il est attaché par une parenté spirituelle, (1) au chef de son éducation. Il lui abandonne le pouvoir Souverain dont il s'est emparé, & se contente d'étudier en secret les hommes & le grand art de régner. Au moment de la mort de son Ministre, Louis manifeste ses talens, se livre aux affaires, suffit à tous les détails & conçoit les plus vastes projets. Sa confiance est partagée entre deux hommes que la nature sembloit avoir formés pour régir des États. L'intrigue qui ne se lasse jamais, la rivalité des talens, la jalousie du pouvoir ne peuvent faire pancher la balance pour l'un d'eux. Il se montre semblable à la divinité qui contient les élémens dans les bornes qu'elle leur a prescrites.

Louis entreprend des guerres; l'amour de la gloire en exagère peut-être à ses yeux la nécessité. Mais son Royaume regorgeoit de

---

(1) Le Cardinal Mazarin étoit parain de Louis XIV.

richesses, il avoit des généraux célèbres, &
il se trouvoit dans un degré de puissance inconnu depuis long-temps. Enfin environné
de flatteurs, de jeunes courtisans qui ne res-
piroient que la guerre, de beaux esprits qui
présageoient ses conquêtes & le comparoient
d'avance à Alexandre, dans l'âge des passions
les plus ardentes, brûlant d'acquérir un grand
nom, de faire éclater sa valeur, pouvant tout
entreprendre, qui n'auroit pas comme lui tout
entrepris ? L'yvresse de la gloire avoit saisi
tous les esprits, & la Nation enthousiasmée de
son Souverain confondit en lui tous les intérêts,
& se crut riche à l'aspect de sa magnificence.

Ecoutons un instant, ce Monarque rendant
compte de ses sentimens & de ses principes à
deux personnes qu'il estime. (1)

« J'ai cru que la premiere qualité d'un Roi
» étoit la fermeté, & qu'il ne devoit jamais
» laisser ébranler sa vertu par le blâme ou par
» les louanges ; que pour bien gouverner son

___

(1) Ces divers passages sont extraits d'une conversation de Louis XIV, devant Lille, à laquelle Pélisson
se trouvoit en tiers.

» État, le bonheur de ses Sujets étoit le seul
» pôle qu'il devoit regarder, sans se soucier
» des tempêtes & des vents différens qui agi-
» teroient continuellement son vaisseau.

» Je fais ce que je puis pour avoir des amis,
» aussi bien que des serviteurs; & quoique je
» confesse que je me suis trompé dans le choix
» de quelques-uns, mon cœur ne peut se refu-
» ser d'aimer ni de faire du bien, qui sont les
» seuls plaisirs que je laisse au monde.

» L'amour de la gloire va assurément devant
» tous les autres dans mon ame; & comme
» celle que notre valeur nous fait acquérir,
» est assurément la plus estimable, c'est celle
» aussi où je me trouve le plus sensible.

» Puisque je vois que je vous ferai plaisir
» de vous parler de mon cœur, je veux bien
» faire cet effort pour l'amour de vous,
» quelque répugnance que j'aie à parler de moi-
» même.

» Il est vrai que j'ai toujours eu de la peine
» à m'entendre louer de toutes les vertus d'un

» grand Roi, & de savoir que je ne méritois
» pas encore celle dont on me flattoit le plus.

» Ce titre de conquérant & de brave qu'on
» donne indifféremment à tous les Rois, sans
» avoir jamais rien fait, outrageoit mon cou-
» rage, & mon cœur juste & généreux ne
» pouvoit souffrir qu'un autre lui fit grace
» d'une gloire dont il se sentoit digne.

» Cependant comme il y a quelque chose
» de grand à réprimer ses passions, lorsqu'on
» les peut satisfaire & qu'il n'appartient qu'à
» un Roi sans religion & sans amour pour ses
» sujets, d'entreprendre la guerre pour con-
» tenter son ambition, j'ai voulu attendre
» que ce fût la Justice qui me mit les armes
» à la main.

» Dans les autres actions que j'ai faites cette
» campagne, & où j'ai suivi autant les avis
» de M. de Turenne que mes sentimens, j'ai
» cru que sa capacité appuyée de ma présence
» suffiroit pour les faire bien réussir ; ainsi je
» me suis plus appliqué à apprendre sous lui le
» métier de la guerre, & à donner des preuves

» de mon courage, qu'à la conduite particuliere
» de mes desseins.

» Toutes ces difficultés qui n'ont servi qu'à
» rendre mon courage plus ferme, s'étant
» répandues dans mon armée, j'eus peur qu'elles
» n'intimidassent mes Soldats par l'imagination
» d'un si grand péril; & voyant bien que la
» prise de Lille consistoit à prendre au com-
» mencement le dessus sur les ennemis, & à
» ne laisser pas agguerrir une multitude infi-
» nie de Bourgeois par le moindre petit avan-
» tage sur nous; j'ai cru qu'il n'y avoit que
» mon exemple, mes officiers & ma noblesse
» qui pussent inspirer à mon armée une vail-
» lance extraordinaire & qui étonnât d'abord
» les ennemis.

» Pour cela je voulus que ma présence ani-
» mât toutes leurs actions, & afin qu'il ne
» m'en échappât aucune, j'ai passé toutes les
» nuits au bivouac à la tête de mes escadrons,
» & la plupart des jours à la queue de ma
» tranchée, afin que si les ennemis entrepre-
» noient quelque chose sur mes lignes, ou
» bien qu'ils fissent quelque sortie, je pusse
» fondre sur eux avec toute ma Cour.

» Il est vrai qu'avant hier m'étant trouvé
» avec tous vous autres à la ligne de circon-
» vallation, quand les ennemis voulurent
» faire une troisieme sortie, & ayant vu déja
» deux de mes escadrons sortir de leur épau-
» lement pour les aller charger, je crus que
» j'aurois mauvaise grace de souhaiter des
» marques extraordinaires de votre courage,
» sans vous en donner du mien dans une oc-
» casion où ma réputation étoit si fort inté-
» ressée. Il n'y a point de Roi, pour peu qu'il
» ait le cœur bien fait, qui voie tant de braves
» gens faire litière de leur vie pour son ser-
» vice, & qui puisse demeurer les bras croi-
» sés. Ainsi je fus bien aise que votre courage
» & votre affection justifiassent mon ardeur
» & mon zèle, & de vous commander dans
» une action que je croyois qui alloit être
» assez grande, pour en pouvoir partager
» l'honneur avec vous, & avoir de si bons
» témoins de ma valeur. »

» Je sais que la médisance n'épargne pas
» plus la personne des Rois que celle des autres
» hommes; & quoique les traits qu'on leur
» porte soient plus cachés, ils ne laissent pas
» de pénétrer dans le cœur de tout le monde,

» lorsqu'ils sont parés par les marques de la
» Royauté. »

» Quand un Roi se contente de s'entendre
» continuellement louer & qu'il n'a pas le
» cœur plus délicat que les oreilles, il est
» souvent tout seul satisfait de lui-même. »

Les divers traits de cette conversation peu connue, ou du moins peu citée, manifestent les sentimens, l'âme & l'esprit de ce Monarque. J'acheve le tableau rapide de son règne & de sa personne.

Tous les Arts sont encouragés, & les Savans des Nations étrangères sont naturalisés par ses bienfaits. Ses campagnes sont des triomphes, & les dons les plus superbes récompensent les moindres marques d'empressement des Princes qui l'envoient complimenter. L'ivresse s'empare de tous les esprits; il n'y a plus qu'un nom dans l'Europe, & il pénètre jusques dans la Perse & les Indes: c'est celui de Louis. Il n'y a plus qu'un Roi, c'est le Monarque de la France. Les graces majestueuses de sa figure, la noblesse de ses manieres, sa conversation toujours mesurée & souvent agréable & spirituelle, les fêtes qu'il donne, sa magnificence en bâtimens, en meubles, invitent à se rendre à sa Cour; & c'est là que regnent exclusivement le goût, l'esprit & la politesse. (1)

Louis XIV, dans ces fêtes brillantes qu'il donnoit à la nation, étoit lui-même acteur, & permettoit des plaisanteries, des allusions relatives à ses goûts, qui paroîtroient de nos jours des témérités, & qui sembloient ne pas s'allier avec la fierté de son caractere, avec cette majesté dont il aimoit à s'environner.

---

(1) Le P. Rapin écrivoit au Comte de Bussy en 1671; » ce doit être une consolation pour vous, de ce que ce » n'est pas la mode aujourd'hui à la Cour d'avoir de l'es- » prit & de la vertu. « Il étoit bien difficile ce P. Rapin ! En laissant à part les grands talens qui, dans tous les genres, illustroient le siècle de Louis XIV, & me bornant aux gens de la Cour, sous quel règne, dans quelle Cour auroit-il trouvé plus d'esprit ? Quelles personnes pouvoit-il opposer au Grand Condé, au Duc de la Rochefoucault, à Madame de Sévigné, à Madame de Coulanges, à Henriette d'Angleterre, au Duc de Nevers, au Duc de Saint-Aignan, au Comte de Grammont, au Marquis de Vardes, au Comte de Guiche, à Madame de la Fayette, au Cardinal de Retz, à Madame de Thianges, à l'Abbesse de Fontevrault, à Madame de Montespan, à Pélisson, à Benserade ?

Dans le Ballet royal d'Hercule amoureux représenté en 1662: Voici les vers faits pour Mademoiselle de Mancini, représentant une étoile.

» Ce goût trop délicat
» A votre feu si vif & si rempli d'éclat,
» Mêle quelque fumée & sert comme d'obstacle.
» Les étoiles vos Sœurs vous diront qu'autrefois
» Une étoile a suffi pour produire un miracle,
» Et pour faire bien voir du pays à des Rois.

On ne peut énoncer plus clairement la prétention qu'avoit eu Mademoiselle de Mancini, d'épouser Louis XIV, qui l'avoit aimée assez vivement pour le faire craindre à la Reine.

Dans le Ballet de la naissance de Vénus, dansé par le Roi en berger en 1665. Le goût de Louis XIV pour Mademoiselle de la Valliere, est exprimé dans les vers suivans. Mais ce qui est peut-être plus extraordinaire, on y attribue la disgrace du Surintendant Fouquet à l'audace des propositions qu'il fit à Mademoiselle de la Valliere.

Pour Mademoiselle de la Valliere, Bergère.

» Ne pensez pas que je veuille en ce jour
» Vous cajoler, ni vous parler d'amour :
» Je sais qu'il est dangereux de le faire,
» Et je craindrois plus que votre colère.

Il est sensible à l'amour, & le choix de ses maîtresses fait estimer son goût. C'est la Valliere, *si sensible, humble comme la violette, honteuse d'être Duchesse, d'être mere, d'être maîtresse.* C'est Montespan qui l'emporte sur toutes les femmes par la beauté, par la noblesse de sa personne, les graces de ses manieres, l'enjouement de son humeur, par cet esprit d'un tour si fin, qui étoit l'appanage des Mortemart. C'est Madame de Maintenon, belle, vertueuse, d'un esprit supérieur. Lorsque ses passions sont calmées par l'âge, il en fait sa compagne, sans lui faire partager son Trône. C'est une femme estimable, dont il s'assure la société, & non une femme ambitieuse, comme Gabrielle d'Estrées, qui prétendoit à la Couronne. Aucun inconvénient ne peut résulter de cette alliance: l'âge ne permet pas à Madame de Maintenon de donner des héritiers au Trône étayé de plusieurs appuis.

Louis, plein de confiance dans ses Ministres, n'a pas été gouverné par eux, & ne leur a point fait essuyer d'injustes caprices. Enivré d'amour, jamais il n'a été avili, ni par l'objet de son choix, ni par l'empire qu'on a exercé sur lui. Grand jusque dans sa foiblesse, il n'a pas été entraîné par delà les bornes de la décence. Rempli de sa grandeur, voulant que rien ne lui résistât, il n'a jamais été cruel. Livré à la volupté, il n'a point été vaincu par la mollesse. Sensible à l'amitié pour Lauzun, la Rochefoucault, Villeroy, il n'a pas été abandonné à des favoris. Habitué à des louanges excessives, il souffroit la vérité. Il a su environner de gloire tout ce qui l'entouroit, & a long-temqs inspiré un amour religieux à sa Cour & à ses Peuples. Tenant la balance égale entre les mérites, il a encouragé les arts & les talens, sans prendre parti, comme Richelieu, sans vouloir que son goût dominât. Louis est né Monarque, & ses amours, sa conversation, ses actions le représentent toujours en scene. On voit peu l'homme privé, mais dans tout éclate la majesté, la grandeur & souvent la bonté.

Henri IV, populaire & sensible sera toujours plus cher à nos cœurs; on se lasse d'admirer, on ne se lasse pas d'aimer; le nom de Henri IV, est répété dans la cabane du pauvre à qui le règne de Louis XIV, ne rappelle que des guerres & des impôts. Mais supposons Louis XIV, mort à l'âge de Henri IV, & les fastes de l'Histoire n'offriront pas un plus grand Monarque, un règne plus éclatant. Appésanti par la vieillesse, il a été abandonné par la fortune, mais il a déployé toute la fermeté de son ame, au milieu des revers les plus accablants. Le règne de Henri IV, peut se représenter, parce qu'il peut exister un Roi qui réunisse ses grandes & touchantes qualités. Le règne de Louis XIV & sa personne auront toujours un droit particulier à notre admiration, c'est de ne pouvoir être éclipsé par rien de semblable. Esprit, caractère, qualités, tout dans ce Monarque, s'est trouvé au niveau de l'époque la plus mémorable pour l'esprit humain, & les talens de tout genre.

Il faut aux Rois des plaisirs communs &

narurels. L'amour-propre entre dans tous ceux des autres hommes, & celui des Rois est rassasié dès leur enfance.

Les Rois & les Grands ne veulent être environnés que d'objets agréables & rians, & l'on prend souvent pour bonté leur répugnance à voir des gens malheureux, tandis qu'ils n'éprouvent qu'un sentiment personnel qui porte à éviter des objets désagréables.

La douleur des gens puissans n'est souvent que de la colère.

Des Courtisans.

Les usages, le jargon changent dans les Cours; mais la flatterie y sera éternellement le principe déterminant des fortunes, & la crainte des talens & de la vertu, un obstacle à l'avancement des hommes supérieurs.

Si la flatterie cessoit d'avoir la plus grande influence dans une Cour, on pourroit en conclure que le Gouvernement a perdu de son ressort; que le Souverain, les Ministres, les grands en imposent moins à l'imagination:
qu'enfin

qu'enfin le lien de la dépendance est relâché. Les vices & les avantages d'un gouvernement sont tellement unis, qu'il s'altère même par la diminution des vices qui résultent de sa constitution.

Les Courtisans ne sont pas les hommes les plus éclairés d'une nation, & ce sont ceux qui jugent le plus promptement du mérite. L'habitude de juger & l'intérêt vivement excité, leur donnent une supériorité, une finesse de tact qui les induit rarement en erreur. La rapidité de leur apperçu est extrême : ils tirent de choses indifférentes en apparence, des conséquences importantes. Le geste, le maintien, tout ce qui peut déceler un homme, est soumis à leur observation qui n'est point raisonnée, qui est un instinct & n'en est que plus sûre.

Un homme à la Ville jouit d'une grande réputation ; elle est consacrée même par le suffrage des gens d'esprit. Il arrive à la Cour, dans une grande place : Le coup d'œil du Courtisan démêle ses défauts, son incapacité, & l'homme célèbre s'évanouit sans retour.

F

Les Courtisans ressemblent aux enfans qui voient si promptement, si finement des défauts qui échappent aux yeux de personnes plus éclairées.

Pourquoi se plaindre de la fausseté des Courtisans? Il ne s'agit que de savoir leur langue & de bien connoître leurs manieres. Il n'y a pas plus de perfidie à la Cour que dans un Cloître, que dans une famille divisée d'intérêts; mais elle est couverte d'apparences moins grossieres. C'est une grande ignorance que de prendre des formules de politesse pour des sentimens réels. Les femmes disent qu'un Opéra est épouvantable. Faut-il prendre une telle expression à la lettre? un homme dit à son égal, à son inférieur, qu'il est à ses ordres. Doit-on conclure qu'il est disposé à lui obéir? les surfaces polies de la Cour cachent au moins la difformité de l'intérieur.

On recherche à la Cour la grandeur, la puissance, & l'on est entraîné vers celui qui est revêtu de ces attributs. C'est l'amour-propre qui induit en erreur sur ces empressemens dont il exagere le prix à nos yeux, il contribue plus à nous tromper, que l'artifice des autres.

Il n'est à la Cour que deux sortes de personnes qui produisent un grand effet. Ce sont les Princes & les Ministres. On se range devant les premiers; ont court au-devant des autres. La grandeur produit le respect. La puissance attire.

Il n'y a de place à la Cour que pour les grands & les petits. Les conditions communes, les gens d'un ordre mitoyen n'y peuvent exister. Quelquefois le mérite éminent peut s'y montrer, mais comme spectacle & passagerement comme une comête.

Les gens de la Cour n'ont pas plus d'esprit que les autres, mais ce sont ceux qui savent le mieux s'en passer. Ils sont habitués dès leur enfance à voir les objets d'une certaine hauteur, à mesurer les différens degrés de la société, à classer les hommes. Les égards, les ménagemens pour les personnes forment une partie de leur éducation & les entretiennent dans cet usage. Ils ont une certaine facilité d'expressions, de tournures multipliées pour rendre les mêmes choses, qui en impose. Delà vient que leur société est plus agréable que celle d'un homme de la Ville qui auroit un peu plus d'esprit, mais qui voit à travers les préjugés de son état, & qui s'exprime avec moins de délicatesse.

La gloire ne peut trouver de place dans une Cour. Les Courtisans ne peuvent supporter qu'il y ait des avantages que la faveur ne leur donne pas, & qui sont au-dessus de la faveur.

Il est des gens à qui les apparences de la faveur suffisent, sans en retirer aucun avantage. Leur bonheur consiste à entrer avec liberté chez un Ministre, chez un Grand, à vivre dans leur intimité, à être initiés dans leurs secrets, sans y prendre aucun intérêt. Ce sont des meubles d'homme en place, dont hérite celui qui arrive. Leur grand art pour se maintenir est de n'avoir ni volonté, ni sentiment, de ne rien demander & de ne prendre intérêt à personne. La vanité domine chez les hommes de ce caractère.

Chrysis a de la politesse dans les manières,

de la souplesse dans le caractère, de l'humeur, Il n'affectionne rien particulièrement, & s'il présente l'air de l'intérêt, c'est à coup sûr pour une personne qui a des rapports avec des gens en faveur ou à la mode. Il est répandu dans toutes les sociétés, & tient toujours à celle qui domine. Il a une provision de quelques histoires, qu'il raconte avec grâce. Il ne choque l'avis de personne, soûrit obligeamment. Jamais il ne se brouille, & lorsque le crédit d'un homme en place menace ruine, Chrysis s'en éloigne insensiblement, & il se trouve toujours, lorsqu'il est disgracié, qu'il avoit lieu de s'en plaindre. Il passe pour sûr dans la société, & cette vertu coûte peu à un homme que rien n'affecte. Ses mœurs ne sont ni bonnes ni mauvaises: elles sont celles du siècle où il vit, & de la société qui prime. Il est l'ami de tous les gens en place, & il a l'attention de ne jamais rien demander, ou de ne solliciter que foiblement. Ne vous adressez pas à lui pour obtenir quelque appui : il devine les besoins, & sa froideur annonce à l'avance, qu'il prévoit que vous allez lui faire une demande. Chrysis pendant quarante ans est accueilli avec empressement des Grands, des Ministres, des gens en faveur, qui sont assurés de n'être jamais importunés de ses demandes. Il dîne avec le Ministre qui est renvoyé le soir ; il soupe avec celui qui lui succède. On le prie à toutes les nôces ; il est engagé à toutes les fêtes. Chrysis semble être de toutes les familles : il ne suffit pas aux invitations. Une telle existence est d'un si grand prix à ses yeux, que rien ne pourroit l'engager à la compromettre. Il est inutile à l'Etat, à ses amis, à ses parens. L'homme de mérite, les malheureux persécutés n'ont aucun droit à son appui. Il ne lui en coûteroit qu'un mot pour faire le bonheur de son ami, il ne le dira pas. Il ne faudroit qu'une démarche pour empêcher de commettre la plus grande injustice, Chrysis ne la fera pas. Non, jamais il ne risquera d'embarasser un instant un homme en place, d'en être reçu avec un air moins ouvert.

Les Courtisans sont dans la réalité de grands Philosophes. Personne mieux qu'eux n'apprécie la foiblesse humaine, ne connoît la petitesse des esprits. Leur flatterie & ses succès en sont la preuve.

De la Politesse.

Dans chaque siècle, sous chaque règne, on vante la politesse des vieux Seigneurs, on reproche aux jeunes gens de manquer d'égards & d'attentions. Mais ce n'est point au siècle, ce n'est point à la génération présente qu'il faut s'en prendre, c'est à la jeunesse en général. Les gens d'un âge mûr, ou avancé, sont moins emportés par leurs passions & leurs goûts; ils sont plus réfléchis & plus circonspects. L'expérience leur a fait connoître la nécessité des égards & des ménagemens: plus habitués à se contraindre, plus occupés de leurs intérêts, ils ont une attention marquée à ne pas blesser l'amour-propre, & sont empressés d'obtenir des suffrages. Le courtisan de cinquante ans, dont la politesse est citée comme exemple, a été blâmé dans sa jeunesse pour la légéreté de ses manieres, ses airs méprisans, son ignorance ou son oubli des égards.

L'extrême vivacité & la paresse empêchent d'être poli. Les personnes très-vives, entraînées par l'ardeur qui les domine, manquent aux égards envers les autres. Celles qui sont paresseuses, s'y refusent par la crainte de se donner de la peine.

On est presque toujours dupe de la politesse & des expressions qui ont le moins de valeur réelle, parceque l'amour-propre est aveuglément porté à tourner tout à son avantage.

Des principes de Montesquieu sur les Gouvernemens.

C'est en vain que plusieurs Auteurs se sont élevés contre les principes de Montesquieu, sur les ressorts des Gouvernemens. Plus on y réfléchit, & plus on y trouve de lumière & de profondeur.

La crainte, & l'absence du sentiment d'honneur sont ce qui caractérise particulièrement les Etats despotiques. A la Chine, l'Empereur faits donner la bastonnade à un Ministre, à un Mandarin; & ce Mandarin, ce Ministre, remplissent ensuite les mêmes emplois, sans se trouver avilis & dégradés. Ce sont des écotiers qui se remettent à leurs places, après avoir été fustigés.

Voltaire a critiqué les principes des trois Gouvernemens établis dans l'Esprit des Loix.

» La vertu, dit-il, est en tout pays le fruit
» de l'éducation & du caractere; il est dit,
» dans l'esprit des Loix, qu'il faut plus de
» vertus dans la République. C'est en un sens
» tout le contraire. Il faut beaucoup plus de
» vertu dans une Cour pour résister à tant
» de séductions. Il cite ensuite le Duc de Montauzier.

Il est évident que Voltaire n'a pas saisi le principe de Montesquieu, & qu'il a confondu l'existence possible de la vertu dans une Monarchie, avec la vertu qui forme, suivant Montesquieu, le ressort des Républiques. La vertu pour se maintenir, a plus de difficultés à vaincre, & l'homme vertueux plus de mérite dans une Monarchie, par cela même que la vertu n'y est pas le principe déterminant, & qu'il faut beaucoup de force pour lutter contre la disposition générale. Voltaire n'a pris le mot de vertu que dans le sens ordinaire ; il ne l'a pas considéré dans son rapport avec le Gouvernement Républicain. La vertu est dans ce sens l'amour de la chose publique.

Des Républiques & des Monarchies.

L'histoire d'une République est plus intéressante à lire, mais il est préférable de vivre dans une Monarchie ; tout y est tranquille & marche d'un pas égal. Telle est l'harmonie des corps célestes, qui ne laisse jamais sentir l'impression du mouvement.

Le régime Républicain paroît être le Gouvernement de la jeunesse du monde, du temps où l'on se plaît dans le mouvement & l'agitation. Le Gouvernement Monarchique convient à l'homme mûr, qui prise davantage le repos & la paix.

Une Monarchie tempérée est la constitution qui approche le plus de la perfection : c'est un état mitoyen pour l'homme entre la convulsion Républicaine & l'affaissement de l'humanité sous le despotisme.

Les principes les plus estimables que l'on puisse établir dans les Monarchies, sont l'amour de la gloire & l'honneur ; & l'amour de la gloire & l'honneur sont des principes de corruption, parce qu'ils font mettre plus de prix à l'opinion des autres & à la renommée, qu'à la bonté réelle des actions.

Il n'est presque point d'élévation dans les Monarchies, dont on osât révéler tous les moyens; on parvient dans les républiques à découvert.

Dans les Monarchies, l'homme en place est souvent énervé par la nécessité des ménagemens. Dans les républiques, il se renforce sans cesse par les oppositions & les obstacles, comme l'Athlete par les combats.

Dans les Monarchies, les caractères s'affoiblissent sans cesse par l'imitation; dans les Républiques, les caractères sont souvent outrés par la liberté de leur donner l'essor.

Dans les Républiques, l'homme est sacrifié à la chose publique. Dans les Monarchies, la chose publique est quelquefois sacrifiée à l'homme.

Les révolutions dans les Monarchies peuvent être subites.

Les simptômes du mal se dérobent aux yeux : c'est le feu caché sous la cendre. L'engourdissement ferme les yeux d'un Gouvernement foible, & il peut toucher au moment de sa ruine, sans s'en douter. Dans les Républiques, tout se voit, tout est à découvert, tout peut se prévoir.

Dans les Républiques, les Milices sont les troupes vraiment nationales; elles sont plus considérées que les troupes réglées. Dans les Monarchies, les troupes réglées ont la première considération, & les Milices sont dans la dernière classe du peuple.

Dans les Républiques, la carrière est ouverte aux talens ; & elles ont une vigueur de principes & d'exécution qui détermine les succès. L'homme est élevé de bonne heure aux grands emplois, parce que dans le mouvement général, la force se fait faire place.

Dans les Républiques, chacun a le développement & l'exercice de ses facultés. Dans les Monarchies, l'homme qui a de l'énergie, n'a souvent d'autres ressources que les plaisirs.

Dans les Monarchies, la crainte du ridicule doit dominer les esprits & produire un asservissement à la mode, qui affoiblit & qui corrompt; il doit régner plus de goût dans les discours & les ouvrages, plus de politesse dans les manières. Dans les Républiques, il règne plus d'originalité, plus de franchise dans les discours & de simplicité dans les manières.

Dans les Républiques, on dépend des loix plus que des personnes. La sécurité où l'on vit rend les ménagemens inutiles, & il y a plus d'égalité parmi les citoyens & plus de liberté dans les esprits. Par toutes ces raisons, la politesse, qui n'est qu'une imitation des vertus sociales, doit être peu commune dans ce Gouvernement.

Il existe dans les Cours une gradation infinie en quelque sorte de rangs & de personnes. De proche en proche, elles agissent les unes sur les autres, & dans le dernier degré, peut se rencontrer un crédit ignoré & déterminant. De cette nécessité de ménagemens, naît la politesse. De-là, cette crainte de choquer, qui retient sans cesse, cette perpétuelle envie de plaire, qui porte à faire des avances, à flatter, à caresser. La politesse est dans les Cours une qualité caractéristique & indispensable. Elle y est le supplément des vertus qu'on n'a pas.

La langue d'un pays Républicain doit être énergique ; celle d'un pays Monarchique doit abonder en tournures & en expressions qui affoiblissent le sens réel des choses.

L'amitié doit régner dans les Républiques, les hommes cherchent à s'y assortir ; on a de grands intérêts à partager, qui exigent de la fidélité, du secret ; on aime en commun la même chose. L'esprit de parti fait naître & & fortifie l'amitié.

Dans les Républiques, la Société doit être plus générale, les assemblées plus nombreuses, parce qu'un même intérêt anime tous les esprits, & qu'il y a une plus grande liberté de penser. Dans les Monarchies, il doit y avoir plus de Sociétés particulières & circonscrites ; parce que l'intérêt de chaque Société, de chaque personne, occupe plus que l'intérêt géneral, & qu'on y a plus besoin de discrétion & de fidélité.

Dans une République, plus les ressorts essentiels de la constitution sont tendus, plus il y a de mouvement & d'agitation ; plus le Gouvernement est prêt de sa perfection.

Dans une Monarchie, il ne faut au contraire rien d'extrême ; tout doit être balancé dans un mouvement égal. Il faut que la force d'opposition ait un degré d'extension limité, que l'autorité ait une action modérée. Enfin, l'équilibre est l'état le plus parfait de la Monarchie.

De nos jours l'idée de vertu est tellement effacée, qu'à peine le nom en est-il prononcé. On se sert de l'expression d'honnête homme, qui ne renferme que des qualités négatives ; ou bien l'on cite les qualités, la bravoure, la fidélité, mais presque jamais on n'use du mot collectif, qui les rassemble toutes. Dans les Républiques, il n'est pas besoin de faire des énumérations. Aimer la chose publique, renferme tout. C'est la vertu.

Le rôle d'homme aimable, tout bien considéré, est dans la société ce qu'il y a de plus sûr, de plus avantageux. Il est trop dangereux de développer le germe d'un grand homme.

Dans les Monarchies, le grand art pour parvenir à une place éminente, ne consiste souvent qu'à savoir s'ennuyer.

Dans les Républiques, les fautes doivent être personnelles & ne pas rejaillir sur les familles, parce que tout le monde est également soumis à la loi.

Dans les Monarchies, le desir des distinctions essentielles à cette constitution, fait trouver de la gloire à s'affranchir des loix; & les punitions semblent apprendre seulement qu'une famille a peu d'éclat & de considération. Cette manière de voir & d'être affecté rend les fautes & les punitions communes en quelque sorte à toute une famille, qu'elles semblent rabaisser dans les plus basses classes.

Un

Un homme médiocre en place, jouit-il d'un grand crédit ? Il propose les sujets, il détermine les choix. Vous en avez pour vingt-cinq ans de gens médiocres dans la plûpart des emplois.

Dans les Républiques, les grands emplois sont en quelque sorte au concours. Dans les Monarchies, ils sont distribués arbitrairement.

Dans le premier de ces Gouvernemens, les hommes supérieurs sont nécessairement appellés aux grandes places : dans les autres, ils ne parviennent souvent, que parce qu'on ne les a pas devinés, ou qu'ils ont joint l'intrigue aux talens.

L'esprit public est distinct du patriotisme, c'est un sentiment raisonné & mis en action pour le bien général ; le patriotisme semble résider dans le cœur, & l'esprit public diriger la pensée : l'esprit patriotique ne s'étend que sur les intérêts ou la gloire d'un pays & peut être injuste, parce qu'il tient de la passion ; l'esprit public a son empire dans la sphère de la raison : le patriotisme fait désirer la gloire d'un pays, & le renversement d'une puissance rivale; l'esprit public cherche à concilier les intérêts des Nations, il embrasse l'humanité entière dans ses affections; il aime & ne haït pas; il songe plus au bonheur des peuples qu'à la gloire d'une Nation; il aspire plus à maintenir les propriétés qu'à étendre les possessions: la morale la plus sévère, la plus austère vertu, sont les principes moteurs de l'esprit public, tandis que l'oppression de plusieurs classes & l'injustice peuvent s'allier avec le patriotisme.

Les Républiques dans les temps modernes, semblent avoir des principes de bienveillance plus éclairés; elles se bornent à la conservation & au bonheur individuel. Sparte vouloit triompher de la nature, & des puissances rivales: Pour vaincre les hommes, elle commença par vaincre l'homme. La terre couverte de Spartiates ne pourroit exister, ce seroit un monde de loups dévorants. L'univers pourroit être peuplé de Républiques gouvernées comme celles de l'Amérique: ces Républiques l'emporteront sur les anciennes par l'excellence de leur constitution; ce sont des corps vigoureux qui n'ont point eu d'enfance: enfin des États fœdératifs peuvent avoir l'étendue qui semble ne convenir qu'aux Monarchies,

& la circonscription qui comporte la liberté.

L'homme a le besoin d'être ému, de craindre & d'espérer; il y joint celui d'être étonné & d'admirer : il lui faut un objet sensible, qu'il puisse aimer & haïr, à qui sa bassesse le porte à rendre un culte.

Le pouvoir arbitraire & la Monarchie présentent au peuple un appareil qui lui en impose; à la multitude des hommes paresseux par nature, des récompenses acquises sans peine, & des moyens prompts de satisfaire leurs passions.

De l'esprit de corps & de l'esprit de parti.

L'esprit de corps tient du patriotisme, l'esprit de parti de la faction. L'esprit de corps s'oppose à l'avancement des lumières, par un aveugle attachement aux anciens usages; l'esprit de parti éteint la lumière par la haine de toute opposition; l'un est conservateur, & l'autre persécuteur; l'un a plus d'obstination, & l'autre plus d'ardeur; l'un peut rendre ridicule, & l'autre odieux.

De la Guerre.

En temps de paix les petits génies sont les grands hommes. Les attentions minutieuses sur la tenue des Troupes, l'application aux petits détails sont les seuls moyens de se distinguer ; & les gens médiocres & actifs sont merveilleusement propres à réussir dans ce genre.

La guerre est un des fléaux de l'humanité, & cependant c'est par la guerre que les Nations peuvent conserver leurs vertus, & le caractère qui leur est propre. L'homme a reçu de la nature un besoin inquiet de mouvement. C'est l'action qui donne le jeu à ses qualités, qui le fait se comparer & s'estimer. C'est par ses divisions avec la nation rivale de sa puissance & de son commerce, qu'une Nation entretient & fortifie son attachement à ses moeurs & à sa constitution.

Une longue paix familiarise les peuples ensemble. Le commerce fait tomber toutes les barrières, donne une politesse dans les manières, qui met tout au niveau. Le caractère national s'affoiblit, l'idée de la gloire se perd, la vertu s'altère; car elle n'est que l'amour de la chose publique & de son pays. Un national n'est pas plus cher alors qu'un étranger : tout se mesure aux avantages qu'on retire de son commerce.

Les temps de vertu chez les différens peuples, ont toujours été les temps de guerre, & les époques où les nations étoient livrées à des antipathies telles, que le plus grand desir de chacune étoit la destruction de l'autre. La haine obstinée de Rome pour Carthage, celle des François dans certain temps pour les Espagnols, ne laissent aucun doute sur le patriotisme qui en étoit la cause & l'effet.

Si les temps de guerre produisent des vertus, les guerres civiles en font manifester encore davantage, & exigent desqualités plus rares. La valeur & les talens militaires suffisent pour obtenir des succès à la guerre; mais dans les temps de discorde civile, la valeur qui affronte les dangers, ne suffit pas; il faut y joindre l'intrépidité qui fait braver les supplices; aux talens pour la guerre, il faut unir les lumières de l'homme d'état.

Le commerce rapproche les nations; les lumières des sciences deviennent à la longue le partage de toutes: il s'établit une communication dans les esprits, qui mine les préventions nationales. Les hommes pensans & commerçans ont l'univers pour patrie.

De quelques Souverains du Nord.

Rousseau dit en parlant du Czar Pierre I & de la Russie: » Il a voulu civiliser quand » il ne falloit qu'aguérir; il a d'abord voulu » faire des Allemands, des Anglois, quand il » falloit commencer par faire des Russes; il » a empêché ses Sujets de jamais devenir ce » qu'ils pourroient être, en leur persuadant » qu'ils étoient ce qu'ils ne sont pas. »

Le Czar Pierre, ne pouvoit être grand que par l'imitation dans un siècle où toutes les Nations qui l'environnoient, étoient également éclairées; comment agguerrir sa nation sans lui faire adopter la discipline, & la Tactique de l'Europe? pouvoit-il observer des gradations dans le degré d'abrûtissement où étoit sa Nation? s'il avoit marché plus lentement, la Russie à sa mort seroit retombée dans la barbarie, & les efforts impuissans on inutiles qu'il auroit faits, auroient à jamais détourné ses successeurs d'en tenter de nouveaux ; la haine des étrangers & un asservissement superstitieux à leurs coûtumes, auroient continué à intercepter tous les rayons de lumière ; la Russie seroit restée au-dessous des Turcs, que la fréquentation avec les étrangers n'a pû éclairer, que le commerce qui se fait sous leurs yeux, n'a pû rendre industrieux. C'étoit en excitant une révolution, c'étoit par l'effet d'une commotion générale que le Czar Pierre pouvoit vaincre l'antipathie des Russes pour des coûtumes étrangères. Il falloit, dit Rousseau, commencer par en faire des Russes. Mais il falloit détruire leurs préjugés barbares, dissiper leur ignorance, les guérir de leur aveugle superstition ; & comment, pour entreprendre un aussi grand ouvrage, ne pas profiter des lumières qui environnoient la Russie ? il auroit donc fallu leur interdire tout commerce avec les étrangers, pour les empêcher d'adopter leurs mœurs & leurs coûtumes. Le caractère national est le produit d'une longue suite de siècles, du climat & des institutions : il est d'autant plus marqué, qu'un peuple a moins de communication avec les autres. Le Czar auroit en vain tenté, au moyen d'inftitutions particulières, de donner aux Ruffes un caractère qui leur fût propre : le caractère diftinctif de toutes les Nations s'affoiblit par la fréquentation.

Les Anglois, les François, les Allemands different moins de jour en jour entr'eux ; ils ont les mêmes notions fur les arts, les mêmes principes fur le commerce, & les différences marquées font reftées dans le peuple : cette propagation de lumières, ne permet pas une marche lente & graduée pour l'inftruction des peuples, qui fe trouveroient en arrière des Nations éclairées.

Il femble que chaque Nation doive s'illuftrer & s'éclairer à fon tour, avoir un Augufte, un Louis XIV, qui diffipe les ténèbres de la barbarie, & fixe l'époque de fa grandeur. C'eft fur les trônes du Nord qu'on a vu éclater dans ce fiècle le talent de régner, l'amour de la gloire & des lettres. Charles XII eft un héros à la manière des temps héroïques; le Czar eft un Fondateur d'Empire qui a illuftré fa vie & fon pays; le Roi de Pruffe (Fréderic II,) a réuni les talens de l'efprit, aux talens militaires & politiques, &

la philosophie à l'yvresse de la gloire. Une femme, est montée sur le trône des Czars, & s'est mise à sa place; l'Empire Romain n'étoit pas plus étendu que ses Etats, & son génie s'y trouve resserré & veut en reculer les limites. sa Cour présente la magnificence des Ptolémées; des monumens semblables à ceux des Pharaons sont élevés, & ses projets de conquêtes peuvent changer l'équilibre de l'Asie & de l'Europe. L'antiquité se trouve peinte à grands traits dans tout ce qui émane de Catherine; les savants des Nations étrangères sont invités par elle, comme les Aristote & les Platon chez Philippe & chez Denis; ses Généraux triomphent à la manière antique: enfin à l'exemple des Empereurs de Rome, elle a donné un Roi à une grande Nation. Les autres Souverains trouvent des modèles dans les fastes de leur histoire; mais le Czar & Catherine seront à jamais les modèles de leurs successeurs, & l'histoire de leur Empire ne commencera qu'à leur règne.

De la vanité & de l'amour-propre.

Dans le nombre des extravagances qui remplissent la tête des fous, il est rare qu'il s'en trouve qui les portent à croire qu'ils sont dans un état subalterne. Parcourez les maisons qui renferment des insensés, vous les verrez tous, Princes, Rois, Empereurs, Dieux. S'ils sont amoureux, c'est d'une Princesse, d'une Reine. Ils ne parlent en général que de grandeurs, preuve sensible que la vanité regne avant tout dans l'esprit des hommes.

Il est deux choses que les Poëtes comiques dans leurs peintures, les Moralistes dans les caractères qu'ils tracent, ne pourront jamais exagérer, c'est la vanité & l'avarice.

La vanité gouverne les hommes, & les grands par cette raison jouissent d'un avantage bien marqué, celui de pouvoir flatter les gens qui leur sont inférieurs en les approchant d'eux, de les enivrer par leur familiarité. L'Artiste, le Médecin, le Chirurgien, aussi bien payés d'un Financier, d'un Bourgeois, volent de préférence à leurs ordres; ils se plaisent à approcher de personnes que le sort a mis si au-dessus d'eux, à voir ce qui se passe dans leur sphère, à en entretenir leurs amis, leur famille; & cet accès ajoute à leurs émolumens.

Un grand qui ne dispose pas de ceux qui lui sont inférieurs est un homme bien borné, vû la pente qu'ils ont à l'admiration pour les gens élevés, & l'impression que font leurs moindres paroles.

L'amour de soi est la source de l'orgueil & de la vanité; mais je crois qu'on peut distinguer ainsi ces diverses affections, qui ont la même racine & se modifient différemment. L'amour-propre est flatté des hommages, l'orgueil s'en passe, la vanité les publie.

On a beaucoup parlé de l'orgueil & de la vanité du Comte de Bussy, & tout ce qui a été cité de lui, n'est peut-être pas aussi frappant que le passage d'une de ses lettres.

Il y parle de ses mémoires & s'exprime ainsi :

« L'ouvrage est grand, & des années en-
» tières de considérations sur lui peuvent à
» peine suffire pour le bien examiner. » Ces fameux mémoires sont très-médiocres & sans aucun intérêt.

C'est une grande lâcheté de s'aimer trop soi-même, & en même temps c'est une grande duperie; car dès-lors l'homme dépend de tout ce qui l'environne.

On ne peut être capable de vertu, qu'en estimant quelque chose plus que sa vie.

L'homme qu'on peut faire trembler, celui qu'il est facile de corrompre, sont méprisés; parceque les bornes de leur courage & de leur vertu sont connues, & qu'on sait avec précision ce qui les fait obéir & dépendre.

L'extrême amour de la vie trouble à tel point les facultés, qu'il ôte les moyens de la conserver. Un extrême amour-propre déconcerte au point d'empêcher de profiter des avantages qu'on possède; & peut réduire l'homme d'esprit à n'être un moment qu'un sot.

L'amour-propre invite à se répandre dans le grand monde, pour y vivre avec des personnes d'un rang élevé. L'amour-propre éloigne du grand monde, pour n'être pas offusqué de la supériorité. Il fait préférer les maisons où l'on est sûr de tenir le premier rang, d'être au moins distingué.

Criton fuit le monde, il est en quelque sorte sauvage; la société de quelques amis lui plaît seule, & lui suffit; les cercles nombreux lui sont insupportables; il y est gauche, embarrassé & semble n'avoir pas l'usage de son esprit. Vous en concluez que Criton est timide & difficile sur le choix des sociétés, & moi, je vous dis qu'il a un amour-propre extrême, qu'il éprouve un besoin irritant de produire de l'effet & de faire sensation; c'est par cette raison que Criton fuit les assemblées, où il seroit confondu; qu'il ne se plaît que dans un petit cercle, où il attire & fixe l'attention, où la confiance donne tout l'essor nécessaire à son esprit.

La vanité ne se borne pas aux honneurs de ce monde, elle prétend encore les étendre jusques dans l'autre vie. (1).

───────────────

(1) Mademoiselle de Montpensier rapporte dans ses Mémoires que Madame se blessa & accoucha d'une fille qui étoit morte il y avoit dix ou douze jours, & qui étoit presque toute pourrie; elle ajoute que Madame

Ce qui flatte le plus dans une grande place, ne consiste pas souvent dans les avantages réels qu'elle procure; c'est une petite prérogative, une distinction frivole, qu'on prise le plus; on n'oseroit avouer la valeur qu'on y met, & l'on en convient à peine avec soi-même.

Analysons les effets résultans de la possession de cette grande charge, de cet emploi important, de ce Cordon bleu, verd, jaune, rouge, objets des desirs d'une foule d'hommes qui consument leur vie dans l'espérance & la crainte. Que celui qui les possède descende en lui-même; qu'il soit de bonne foi, & il dira: » On m'aborde d'un air humble ou res-
» pectueux; en traversant la foule je vois les
» hommes se ranger sur mon passage, le peuple
» & les valets ôtent précipitamment leur cha-
» peau à mon aspect; lorsque j'entre dans un
» cercle, les révérences sont plus inclinées

---

de Thianges dit au Curé, incertain si cette fille étoit en état d'être baptisée, qu'il prît garde à lui, qu'on ne refusoit jamais le baptême aux enfans de cette qualité.

« pour moi que pour un autre, on m'écoute
» avec attention; les femmes me sourient &
» s'empressent de me parler en particulier. Les
» gazettes & les journaux parlent de moi; les
» oisifs de Vienne & de Pétersbourg y lisent
» de temps en temps mon nom. Mon anti-
» chambre est remplie de gens que le désir
» de la fortune ou le besoin tiennent dans ma
» dépendance; leur nombre & leurs sollici-
» tations m'assurent de mon influence. Les
» subalternes & mes valets m'appellent *Monsei-*
» *gneur* ». On conviendroit plutôt d'une mauvaise action, que du prix extrême qu'on met
à ces vaines distinctions, qu'on a l'air même
de mépriser. Mais je m'en rapporte à ceux
qui en jouissent & à ceux qui les observent
attentivement.

Le désir, le besoin de produire des effets
sensibles, d'attirer l'attention, poursuivent
l'homme jusques dans les plus petites circonstances de la vie; celui qui donne à dîner, se
fait le centre de tout ce qui est à sa table;
les convives sont forcés de s'occuper de lui;
& le plaisir de jouer un premier rôle, est
celui qu'en les rassemblant il recherche, sans s'en
rendre compte. Il est peu de gens qui aient

assez de raison & de philosophie pour entendre dire sans le plus léger ressentiment, que leur cuisinier est médiocre, que leur vin n'est pas excellent, qu'un ragoût n'est pas bon ; l'amour-propre nous fait faire cause commune avec tout ce qui nous appartient & dépend de nous.

La vanité vit de peu, ou de beaucoup ; elle se déploye, ou se resserre en raison de l'espace, elle cherche habilement ce qui la flatte, & détourne les yeux de ce qui la blesse. Cette bourgeoise qui, un jour de fête, étale un ajustement neuf dans une promenade publique, devroit être humiliée de la brillante parure des femmes d'un état supérieur au sien ; mais elles sont pour elle comme des êtres à part, elle porte ailleurs ses yeux, & sa vanité va chercher au milieu de la multitude, les femmes de son ordre ; c'est avec elles qu'elle se compare, c'est devant elles qu'elle se glorifie, qu'elle passe & repasse avec orgueil, c'est chez elles qu'elle est flattée d'exciter l'envie. Ce demi Seigneur qui rassemble de vains titres, qui se barde des cordons de quelque petit Prince étranger, sait bien qu'il n'en impose pas aux grands. Mais il se plaît à descendre dans

la

la classe où il produit un effet, il sait se faire un théâtre pour sa représentation & choisir des cercles où il brille, où il impose. Dédaigné dans la gallerie de Versailles, il est dédommagé, lorsque descendant dans les Cours, les porteurs l'appellent *Monseigneur*.

Voulez-vous voir la vanité dans tout son jeu; observez ce qui se passe un jour d'entrée d'Ambassadeurs, un jour où le Roi vient à Paris. Les rues sont bordées de troupes, les fenêtres, les balcons sont remplis de curieux, dont chacun croit obtenir quelque part à l'attention publique : on attend, on regarde, on cherche à voir, à se faire voir, on salue avec empressement une personne considérable qui passe, pour montrer qu'on la connoît; le piqueur qui arrive en avant fait cabrer son cheval doux & docile. Il crie à haute voix de faire place, le peuple le considère comme un homme qui fait partie de la solemnité, & lui-même sent toute son importance; l'Officier qui fait ranger le peuple, salue ses connoissances, protège, sourit avec complaisance & s'enorgueillit de son autorité du moment. Il n'est personne, de tous ceux qui regardent, qui n'ait l'air glorieux ou satisfait, qui ne croye en imposer & fixer les regards.

Savez-vous quel puissant attrait a pour Dorsan, l'emploi qu'il occupe? c'est me direz-vous, le goût naturel qu'il a pour les détails & les affaires. Vous n'y êtes pas. C'est donc le revenu considérable qui y est attaché? encore moins. Il ne sait pas lui-même le motif qui lui rend cet emploi si précieux: mais je vais vous le dire. C'est que les relations que sa charge lui donne, lui procure des Auditeurs forcés, qui sont obligés de l'entendre. Dorsan raconte, pérore & ennuie, *De par le Roi*.

Des gens qui se croyent ambitieux, ne sont souvent remplis que des petitesses de la vanité. A la plûpart, la représentation de l'antichambre suffit. Le véritable ambitieux veut agiter le monde & le dominer.

La plus flatteuse des dominations est celle des esprits. Qu'est-ce que l'influence d'un Ministre, comparée à celle d'un chef de secte?

L'amour-propre trouve sa jouissance dans le suffrage & l'approbation des hommes; mais le dernier degré de l'orgueil est de jouir de leur mépris.

L'égoïsme regne particulièrement dans les discours. La personnalité influe davantage sur les actions. L'égoïste se vante à tout propos & sans art; il a toujours le *moi* à la bouche. L'autre dans tout cherche habilement ce qui peut servir ses intérêts & flatter son amour-propre: l'un parle souvent de lui, & l'autre cherche à tout y attirer.

Céphise n'est occupée que d'elle-même: les divers rayons de sa conversation ramenent toujours à ce centre unique. Quelquefois elle paroît s'en éloigner, mais Céphise y revient insensiblement; & comme elle a de l'adresse dans l'esprit, il faut un œil pénétrant pour la suivre dans tous ses détours. Elle éprouve à chaque instant le besoin unique & pressant de produire un effet dans les grandes choses, dans les plus petites. Il faut, à quelque prix que ce soit, qu'elle fixe l'attention. Céphise a de très-bons yeux, mais le grand jour l'incommode, & l'on est averti que les rideaux doivent être fermés, lorsqu'elle entre dans un appartement. Une chaise haute lui est nécessaire,

H ij

& les maisons qu'elle fréquente, sont pourvues de ce meuble particulier. Elle apporte du pain avec elle; l'eau qu'on lui sert est dans une bouteille empaillée; c'est de l'eau de la Seine, peut-être; mais enfin, sa chaise, son eau, son pain, ne sont pas ceux de tout le monde. Le valet qui la sert, est un Heiduc, un Hussard, un Nègre; elle ne veut jamais être confondue; la conversation est toujours dominée par Céphise; elle trouve le secret de la diriger vers l'objet qui l'occupe. Elle s'entretient avec chacun en particulier, & s'il y a un homme en place, un Ministre dans la chambre, Céphise a soin de s'emparer de lui : elle le tire à l'écart, & trouve toujours un sujet pour lui parler à basse voix. Céphise souffre impatiemment les louanges des autres : tout éloge qu'elle entend, semble un vol qu'on lui fait ; & lorsqu'elle loue, on voit que c'est moins pour rendre justice, que pour faire admirer son discernement dans le genre de mérite qu'elle apprécie. Si elle récite une belle action, c'est pour faire éclater sa sensibilité & attirer toute l'attention sur elle, qui en est si vivement affectée. Enfin, elle s'empresse de louer, pour que cela soit plutôt fait. Sa naissance, son mari, ses enfans, ses goûts, voilà le canevas éternel de sa conversation. Parlez de la Chine; vous serez ramené avec adresse à son boudoir, à son chien, à quelque chose qui la concerne: Vous n'échapperez pas, il faut que vous soyez occupé de Céphise. Elle n'aime rien au fonds; son mari, ses enfans, tous ceux qu'elle paroît chérir, ne sont aimés d'elle, que comme des possessions ou des dépendances. Céphise n'a point de goût pour les arts, pour tout ce qui est l'imitation de la nature, ou la nature elle-même; car tout cela ne lui parle pas d'elle. Des motifs d'utilité raisonnée forment seuls ses attachemens. Elle paroît aimer Doris, parce qu'il lui est commode d'avoir un souper chez elle un jour de la semaine; Dorimon, parce qu'il est un homme à la mode & figure aux soupers qu'elle donne; Artamène, parce qu'il a une grande place, & que son intimité ajoute à sa considération; Damon, parce qu'il a quelques histoires qu'elle lui fait raconter quand elle veut, & qu'elle dispose de lui; Caliste, parceque c'est un Prince, & que son commerce lui fait honneur; c'est comme un lustre suspendu dans sa chambre. Enfin, tout ce que connoît & voit Céphise, a son rôle auprès d'elle, remplit un office pour son amusement, son intérêt. Elle n'a aucun sentiment,

& elle voudroit que l'univers fût une glace qui la répétât sans cesse.

C'est par amour-propre qu'on supporte avec peine la plus légère plaisanterie. C'est par amour-propre que certaines gens se dévouent à la plaisanterie. Ils ont un besoin pressant d'occuper d'eux les autres, & ils aiment mieux être l'objet de la raillerie, que d'être confondus & ignorés.

Il n'y a presque personne qui fasse le récit d'une conversation avec un Roi, un Grand, un Ministre, dans les mêmes termes & le même ton dont elle s'est passée. On change quelque chose sans projet, sans avoir rien arrangé à l'avance. On substitue des expressions en apparence équivalentes, & le geste & le ton dont on raconte l'entretien, lui donnent une autre valeur. Toutes ces réticences & ces changemens sont toujours au profit de l'amour-propre qui veille au dedans de nous, & qui agit en quelque sorte sans notre participation, tant son inspiration est soudaine & éclairée.

Un homme a besoin d'être contenu ; un

autre, d'être encouragé. De-là vient que le même homme est connu sous des aspects différens, qu'il réussit dans une société, & qu'il est insupportable dans une autre. Chacun d'eux ne paroît à son avantage, que lorsqu'il se trouve dans des circonstances, où il est encouragé, ou réprimé.

Regle générale, celui dans qui la vanité domine, n'a point le sentiment du beau, du vrai, & n'est point capable d'affection.

La curiosité & l'indiscrétion sont des compagnes fidèles, & le mensonge est le fils de la vanité.

L'homme dans l'état de nature ne connoît pas les besoins de l'amour-propre. Dès qu'il vit en société, il éprouve le desir d'être distingué, d'occuper de lui les autres. C'est un tourment pour lui d'être ignoré; & il perd le sentiment des véritables jouissances, pour se composer des plaisirs d'amour-propre & de vanité. Moins occupé d'être heureux que de le paroître, il achete des charges, il exerce des emplois, il se forge des liens, afin d'agir sur les autres, & que les autres agissent sur lui. S'il ne peut par des dignités attirer l'attention, il cherche à produire un effet par l'étalage de ses richesses, par la magnificence de sa maison, par le goût, la cherté des meubles dont elle est ornée, par la distribution nouvelle de ses jardins. Ce n'est point pour son plaisir qu'un homme riche donne de grands soupers, qu'un autre rassemble une partie de Paris à ses Bals, qu'un autre a des Tableaux, un Cabinet d'Histoire naturelle ; c'est pour sa considération. Cet hôtel, ces jardins forment pour leur possesseur un état dans le monde ; il les possède, comme on exerce une charge à la Cour, un grand emploi à la Ville.

Votre maison, Arsure, vous a coûté la moitié de votre fortune, & il faut convenir que c'est une jolie boutique, qui égale presque le *petit Dunkerque*. Tout y est placé avec symmétrie, & en vue pour faire effet. Ces trois volumes, qui sont sur un bureau, sont changés de temps en temps, mais figurent au même endroit ; le papier & l'écritoire sont à la même place. Quel ordre admirable ! Je crains, en parcourant une si agréable demeure, de déranger quelque chose, & vous éprouvez sans doute le même embarras : où vous tenez-vous, Arsure ? Dans quel coin êtes-vous relégué ? Car je ne vois aucune trace d'action, de mouvement, rien qui m'atteste que ce lieu est habité. Le parquet est si glissant, qu'on a peine à s'y soutenir. Vous n'y êtes pas souvent, & votre femme & votre fils si chéri, n'y ont pas d'habitation. Ah ! je le sens, vous craignez de gêner le public. C'est une grande privation. Mais aussi quelle volupté, lorsqu'à la Cour, à la Ville on envoie à l'envi chez vous demander un billet pour être introduit ! Vous venez de temps en temps donner un coup-d'œil à votre maison, à vos jardins, & voir si tout est en place. Mais vos plaisirs sont quelquefois troublés. Par exemple, vous avez appris hier avec chagrin, qu'une grande Dame étoit venue voir votre maison, & que la mousse, qui couvre en partie ces ruines, dont l'entretien vous coûte si cher, avoit été emportée par la pluie. Vous avez su que des ouvriers avoient laissé leurs outils dans votre temple antique, & que la rivière s'étoit trouvée presqu'à sec, par la faute du fontainier. Redoublez de foins, Arfure, fi vous voulez conferver votre confidération. Epiez votre concierge pour vous affurer, s'il montre tout avec intelligence, s'il fixe l'attention des curieux fur ce qu'il y a de plus fingulier. Il ne faut qu'une négligence pour vous perdre dans le public. Ces jeunes filles, que vous payez pour figurer dans diverfes attitudes au bout de la prairie, s'écartent quelquefois, je vous en avertis. Ayez foin fur-tout, que ce vieillard, que cette femme & ces enfans, dont l'emploi eft de fimuler un ménage de campagne dans une chaumière, ne manquent pas de fe trouver à leur pofte, à l'arrivée d'une brillante compagnie. Ne vendez jamais votre maifon, Arfure, quelque cher qu'elle vous coûte, vous feriez un Miniftre hors de place.

Les inconvéniens qui éloignent de nous les autres, font les plus fâcheux à s'entendre reprocher. Un homme peut pardonner l'injure la plus piquante, & ne pardonnera pas le reproche d'ennuyer.

De la Naissance.

Si un homme d'une naissance ancienne & peu connue, fait une fortune brillante & rapide, l'envie s'acharne sur ses pas. On critique sa naissance, on la déprécie; & pendant plus d'un siècle, le Public peut-être se refusera à rendre justice à sa maison (1).

Le premier soin des gens parvenus à une grande fortune est de se forger une généalogie, ce qui prouve l'impatience avec laquelle on supporte d'être rangé dans une classe inférieure, & d'être exclu de certains honneurs. Plus la fortune est considérable, & plus cette exclusion est sensible.

Les hommes les plus éclairés, les plus sages, n'ont pas été exempts de vanité sur la naissance. Turenne avoit ce foible au dernier degré.

Ce préjugé de naissance est un des plus

___

(1) Dès qu'on date de 1400, dès qu'on prouve qu'on descend d'une longue suite de Châtelains, on se croit l'égal des Rieux, des Montmorency, des Rohans, &c. &c.

dominans dans l'esprit des hommes de toutes les classes, de tous les pays. Les castes des Indiens ne se mêlent jamais avec celles qui leur sont inférieures, & il est tel palfrenier d'un Nabab qui se trouveroit souvent déshonoré de manger avec son maître (1). Cet homme qui vend du drap, & que vous regardez du même œil que le marchand qui a sa boutique auprès de la sienne, a bien une autre idée de lui. Son père étoit marchand des six corps, & vous ne pouvez imaginer la distance qu'il trouve entre lui & son voisin.

Trois avantages, lorsqu'ils sont au premier degré, produisent la plus grande considération dans le monde: l'élévation du rang, un esprit supérieur reconnu, & une fortune immense. La grandeur, la gloire & la puissance, ont à peu-près les mêmes effets. Voltaire & le possesseur de trente millions, sont des êtres à part

―――――――――――――――――――――――

(1) Le Capitaine Cook s'exprime ainsi en parlant d'Omaï, habitant d'Otaity. « Autrement il auroit senti
» qu'il lui seroit d'une difficulté extrême de parvenir à
» un rang distingué dans un pays (Otaity) où le mérite
» personnel n'a jamais peut-être fait sortir un individu
» d'une classe inférieure, pour le porter à une classe plus
» relevée. *Troisième voyage de Cook.*

dans la Société : il n'eſt pas d'égards & de conſidérations qui leur ſoient refuſés. On a beau ſe moquer en arrière de celui qui a raſſemblé des tréſors immenſes, citer la baſſeſſe de ſon origine, les Miniſtres ont beſoin de lui pour ſecourir l'Etat embarraſſé ; les grands, pour rétablir leurs affaires. Un tel homme en impoſe au plus ſuperbe, lorſqu'il ſonge que ſa ſignature peut lui procurer une exiſtence agréable, le tirer d'un embarras preſſant.

Un homme d'une naiſſance baſſe ou obſcure, ne croit pas en impoſer ſur ſon origine qui eſt connue ; mais que le meilleur de ſes amis, pour lui ſauver un ridicule, ſoit forcé de lui en parler ; il ne ſauroit trop prendre de ménagements.

On ſe vante d'une baſſe naiſſance, pour relever le mérite qui a fait franchir cet obſtacle ; mais on ne convient pas d'une médiocre, parce que l'on peut ſe flatter de faire quelque illuſion.

L'avantage d'une grande naiſſance conſiſte principalement à pouvoir ſe paſſer de mérite.

La personne la plus modeste en apparence sur la noblesse de sa maison, & qui paroît y mettre le moins de prix, ne fait que cacher adroitement l'orgueil qu'elle lui inspire. Dix ans d'un commerce intime ne suffisent pas souvent pour le découvrir ; mais tôt ou tard, il vient un moment où la personne qui sembloit se complaire dans l'égalité, fait valoir tous ses droits, révele sa vanité.

La Noblesse, accompagnée de misère, est un billet à une grande Loterie. Des circonstances viennent, qui mettent à portée des plus grands emplois auxquels on n'auroit pu prétendre sans l'avantage de la naissance. La plus médiocre alors est d'un prix infini.

A force de vanter sa noblesse, d'en importuner les autres, on parvient à la faire estimer par delà ce qu'elle vaut. Il est telle maison, ancienne, illustre, mais pas plus ancienne, pas plus illustre que cent autres, qui ne doit l'opinion de sa splendeur, de sa supériorité sur d'autres maisons, qu'à la ridicule vanité d'un de ses Chefs.

Celui qui consent à se dévouer trente ans au ridicule, procure quelquefois des avantages réels à sa postérité.

Argante est d'une naissance bourgeoise: son pere est le premier Noble de son nom. Argante se fait appeller Marquis: on s'en mocque dans le monde. Il persiste, tient bon contre les railleries: dix ans se passent, on s'y habitue. Il faut bien l'appeller Marquis, sous peine de se brouiller avec lui, & parce que l'on est familiarisé à entendre ce titre uni avec son nom. Argante épouse une fille de qualité sans fortune: le voilà parent, cousin, neveu de gens qui le méprisent, mais avec lesquels il signe des contrats de mariage, & il ne faut pas demander s'il se trouve exactement aux assemblées de familles. Sa femme a beau le mépriser, son écusson est uni au sien; cela lui suffit; il fait un pas de plus dans la carriere de la vanité, & fait mettre son nom sur sa porte. Les plaisanteries recommencent, il les souffre patiemment. Enfin, au bout de trente ans, le public est accoutumé à l'Hôtel d'Argante, parce qu'enfin il est écrit ainsi. Il meurt, & son fils est en paisible possession, & du titre de Marquis & de l'inscription sur sa maison. Une génération s'est écoulée; on a oublié le ridicule, & on sait seulement en général que ce n'est pas un nom fort ancien.

Un homme modeste, qui a quatre générations de plus, n'ose prendre un titre : il n'a qu'un portier, ses livrées sont d'une couleur obscure, & ses gens disent humblement *au logis*; il ne paroît qu'un bourgeois, tandis qu'un autre doit à sa seule impudence d'être classé d'une maniere plus avantageuse.

Il y a beaucoup d'injustice souvent dans le monde sur la naissance. Les gens de la Cour ne connoissent point de milieu : ils appellent *bourgeois*, un homme qui a deux cents ans de Noblesse, parce que ses ayeux n'ont point eu de grandes charges à la Cour, ou qu'ils ont occupé des places honorables dans la Magistrature.

Il y a quatre cents ans que la famille d'Adramont habite sans interruption un petit Château, que ses ancêtres épousent des filles de Seigneurs Châtelains; aucun d'eux ne s'est élevé par delà le grade de Capitaine; aucun n'a figuré dans l'histoire, ne s'est distingué ni

dans

dans l'églife, ni dans la catrière politique, & fon nom, connu aux environs de fon Château, est inconnu au reste de la France. Adramont vante fans cesse fon antique naiffance, il cite avec fatisfaction l'origine récente des maifons illustres par de grands fervices & les premieres dignités. Il dit *un homme de ma qualité, un homme comme moi*, & voulant dire une injure fanglante à un homme dont les ancêtres ont occupé les premieres places de la Magistrature; apprenez, dit Adramont, que je n'ai pas de Chancelier dans ma famille.

Dorine habite un vieux château à cent lieues de la Cour, où fon nom est inconnu; & fa fortune est au-deffous de la médiocre : elle a befoin d'économie pour les dépenfes néceffaires; mais fes parchemins font en règle, & les ancêtres de fon mari remontent d'une manière authentique & bien prouvée, à un pauvre Ecuyer qui vivoit en 1400. Dorine veut fe faire préfenter; elle amaffe, emprunte, raffemble enfin dix mille francs, & la voilà en route pour la Cour. Dorine est préfentée; on fe demande qui elle est; on lui trouve l'air Provinciale mais elle a la fatisfaction de balayer de fon grand habit les appartemens de

I

Versailles, elle soupe chez les Princesses; elle n'y connoît personne, elle y est inconnue à tous; mais elle croit faire partie de la Cour, & cette idée la remplit entièrement. Enfin l'argent s'épuise & Dorine retourne dans son Château délabré, qu'elle auroit mieux fait de réparer. Qu'a-t-elle gagné à ce voyage? le plaisir de revenir de la Cour : pendant vingt ans, Dorine prendra la parole dès qu'il s'agira du Roi, des Princes, des Ministres, des usages; elle sera considérée à dix lieues à la ronde & consultée, elle promettra son crédit, & passera dans son voisinage pour une personne de la Cour.

Il n'y a en quelque sorte que les races bourgeoises qui soient susceptibles d'être déshonorées. Les noms obscurs, lorsqu'ils ne deviennent fameux que par un crime ou par un grand scandale, ne rappellent jamais que l'événement qui les couvre d'opprobre. C'est un arbre qu'on juge par le seul fruit qu'il ait porté. Les noms illustres couvrent au contraire de leur éclat, cachent sous leur gloire les crimes & les fautes scandaleuses qui paroissent des exceptions malheureuses dans une maison connue par de grands services, des dignités éminentes, des emplois distingués. C'est ainsi qu'en réfléchissant, on trouve jusques dans les plus aveugles préjugés un principe de raison.

Du Caractère.

Il en est des qualités qui composent le caractère, comme des couleurs qui s'altèrent & changent entièrement par le mélange. C'est cette mixtion & ce résultat qui exigent l'apperçu le plus subtil.

L'esprit fait raisonner, le caractère fait agir, l'humeur contrarie souvent l'un & l'autre, & l'esprit est l'avocat chargé de justifier le caractère & l'humeur.

C'est l'accord, c'est le juste équilibre de l'esprit, du caractère & des forces physiques, qui constitue le bonheur, qui fait les grands hommes & les hommes vertueux, & ce même accord peut former des scélérats sans remords.

Pour bien connoître le caractère d'un homme, il est nécessaire non-seulement de connoître ses penchans, ses qualités & ses défauts, mais de fixer les degrés de chacun. Par ce moyen,

on pourroit aſſigner preſque avec certitude
ſa conduite dans une circonſtance donnée.

Ariſte eſt emporté, orgueilleux, voluptueux,
intéreſſé, ſenſible, pareſſeux. Ces qualités,
ces défauts & ces ſentimens, ſuivant leurs
divers degrés de force, l'emporteront dans
les occaſions. Ne le croyez pas inconſéquent,
s'il manque à ſes intérêts: il eſt plus ſenſible
qu'il n'eſt intéreſſé. Si la ſenſibilité ne le porte
pas à ſecourir un infortuné qui a touché ſon
cœur, n'en ſoyez pas ſurpris: il faut de la
ſuite, de l'action, & il eſt encore plus pareſſeux que ſenſible.

Ergaſte a une affaire d'intérêt à traiter: il
tranſige promptement & fait des ſacrifices qu'il
auroit pû éviter. Il eſt en marché d'un objet
conſidérable: il ne chicane point, il le paye
ce qu'on lui demande. On en conclut qu'Ergaſte eſt un homme noble & généreux; on
ſe trompe, il eſt pareſſeux & impatient.

J'entends deux hommes s'entretenir d'un
autre; l'un dit: Valere ſe tue à force de travailler; il paſſe les jours & les nuits à ſon

bureau. L'autre se met à rire, & ne revient pas de sa surprise. Valere est, selon lui, l'homme le plus dissipé, le plus paresseux ; qui croirai-je ? Tous deux. Oui, tous deux ont raison. Valere est homme d'habitude : ce qu'il a fait hier, il le fait aujourd'hui. Si les circonstances le forcent à travailler deux jours, il travaillera six mois sans relâche ; si d'autres circonstances le jettent dans la dissipation momentanément, il y restera plongé six autres mois.

Un mélange proportionné de qualités opposées, forme les grands caractères, & fait parvenir au but qu'on se propose. L'ardeur & la patience sont nécessaires pour avancer dans le chemin pénible de la fortune. L'homme heureux, est celui qui, n'ayant qu'une de ces qualités, se trouve placé dans des circonstances où elle suffit. Il falloit de l'ardeur ; il en a. S'il avoit été nécessaire d'avoir de la patience, il manquoit son objet.

Il doit y avoir de l'inégalité dans l'humeur de ceux dont l'amour-propre est passagèrement flatté, & qui éprouvent ensuite l'indifférence de ceux qui les ont applaudis. La sérénité de l'âme ne peut régner que dans les hommes qui n'exposent pas leur amour-propre à de trop grandes révolutions. Quel empressement autour d'un Auteur qui fait une lecture ! avec quelle impatience il a été attendu ! avec quel enthousiasme il est reçu ! Le plus grand Seigneur lui avance un siége, la plus grande Dame dispose la table devant laquelle il doit s'asseoir ; une autre lui apporte un coussin ; une autre lui prépare de l'eau & du sucre, arrange un paravent derrière lui ; c'est le Dieu du moment. Il commence ; quelle attention ! quel silence ! il n'est interrompu que par des cris d'admiration & des battemens de mains. La lecture achevée, chacun cherche à tourner un compliment qui ne ressemble pas à un autre ; l'Auteur soupe à côté de la Maîtresse de la maison, qui s'empresse de le servir, de deviner ce qui peut lui être agréable ; son entretien est une reprise de louange, & l'Auteur, tour-à-tour, enivré de lui, ou paré d'une fausse modestie, est prêt à demander grace. Peu de temps après, il rencontre ces admirateurs si ardens ; il s'avance empressé, & il est repoussé par une glaciale révérence, par un léger sourire de protection. Une si brusque transition qui froisse l'amour-propre, doit produire le plus vif ressentiment, & c'est beaucoup, si l'Auteur ne rentre pas indigné chez lui pour composer une satyre.

Les personnes distinguées par l'élévation de leur esprit, ou la force de leur caractère, sont peut-être les plus faciles à connoître, parce qu'elles ont, en général, une qualité dominante au moyen de laquelle tout s'explique, lorsqu'on a l'art de la saisir.

C'est à tort qu'on reproche aux hommes des actions ou des sentimens contraires à ce qu'ils ont annoncé ou exprimé, il y a peu de temps. On les croit faux, & ils ne sont que changeans. Une saillie de sentiment, de générosité les a entraînés; leur intérêt a prévalu dans le moment de réflexion qui a suivi cet accès.

Il n'y a point de force de caractère, à ne faire qu'une chose constamment, quelque estimable qu'elle soit. Celui qui étudie tous les jours de sa vie, auroit de même employé les journées à jouer, suivant les circonstances où il se seroit trouvé : mais passer du plaisir aux affaires, de la dissipation à l'occupation, est la marque d'un esprit maître de lui & doué d'une grande force.

Il y a de certaines mal-adresses mêlées dans les actions, qui leur ôtent tout leur prix. Un homme est obligeant, il rend de grands services, dont on ne lui fait aucun gré. Un autre fait une grande dépense, & passe pour avare. Il dépense vingt mille francs, & la lézine perce ; cinq cens francs de plus suffisoient pour le faire paroître généreux.

La plupart des hommes n'ont que des accès de passion, ce qui produit l'inconséquence dans la conduite & les sentimens.

Des différentes manières d'être affecté.

Comment pouvoir apprécier justement les plaisirs, le monde, la fortune ? La vie est divisée en deux époques, celle des desirs, & celle des dégoûts. L'odeur des mets paroît délicieuse au convive affamé qui se met à table : elle répugne à celui qui en sort rassasié.

Quel est celui que je consulterai sur les plaisirs & sur le bonheur ? Est-ce un jeune homme ardent, rempli de desirs brûlans, qui croit à l'amour, & se figure que lui seul en exprime les sentimens, en ressent les émotions ? Il est convaincu que sa maîtresse est la plus belle, la plus spirituelle, la plus sensible des femmes. La chimère de l'amitié enflamme son cœur ; le prestige de la gloire enyvre son imagination : son cœur, son esprit, ses sens, ont mille besoins.

Est-ce l'homme d'un âge mûr, qui se rend compte peut-être qu'il n'a jamais aimé & n'a jamais été aimé ? Il se rappelle les tromperies de ses maîtresses & les trahisons de ses amis. Désabusé de l'illusion de la gloire, il sait combien le suffrage des hommes est légèrement accordé, combien les grandeurs coûtent d'ennui & de bassesses. Enfin, des hommes considérés & célèbres ont été vus de près par lui, & ne lui ont offert que des intrigants, ou des enfans du caprice des femmes & d'une mode aveugle.

Le désir est l'esprit vital de l'homme moral, il le soutient, il l'anime ; frère de l'espérance, il surpasse en quelque sorte le plaisir, qu'il voit toujours en perspective : le désir est un enchanteur qui approche ou éloigne les objets, & les transforme à son gré ; il change la nature des choses, il embellit ce qui est sans attrait, il franchit les obstacles, & sa constance finit par réaliser ce qui paroît chimérique, par rendre facile ce qui paroît impossible ; on ne se croit pas heureux par lui ; mais lorsqu'il nous a fait atteindre le but, en reportant nos regards sur le passé, nous voyons que cet état de tourment apparent, cette agitation que nous causoit le désir, avoient peut-être plus de charmes que la jouissance.

Ces mêts sont insipides, cette eau est sale & bourbeuse : soyez pressé par le besoin,

& leur nature va changer ; il n'est donc rien de réel : & nous vivons dans un pays d'illusion ; le thermomètre du désir fixe seul le prix des objets.

Du bonheur.

Le bonheur & le plaisir sont deux manières d'être affecté, qui n'ont en quelque sorte rien de commun. Le plaisir ne peut être durable; il cesseroit d'avoir du charme, parce que les sens ou l'esprit seroient bientôt émoussés par sa vivacité. Il laisse dans le vuide le cœur, l'esprit & les sens, & rend indifférens & insipides tous les objets qui intéressoient. Enfin, le plaisir n'est pas au-dedans de nous mêmes comme le bonheur; il est accidentel & dépend des autres. Tout homme peut éprouver des plaisirs vifs ; mais peut-être que l'ame & le cœur rendent seuls capables de goûter le bonheur; & dès-lors, tous ceux qui ne sont pas doués d'une sensibilité vive, ne peuvent y prétendre.

On se rappelle le plaisir avec regret, & le bonheur avec attendrissement. Le plaisir laisse des souvenirs distincts, parce qu'on sait l'objet qui l'a produit. Le bonheur n'offre rien de déterminé, parce qu'il semble résider dans tout ce qui nous environne, tandis que c'est nous qui le répandons, que c'est nous qui embellissons tous les objets.

Le bonheur ressemble à une chaleur douce, qui émane de nous & dont nous jouissons cependant, comme si elle nous étoit communiquée. Le plaisir plus extérieur, plus vif, moins durable, se repand sur nous, comme une chaleur étrangère, & qui disparoît bientôt, parce qu'elle ne nous appartient pas.

Comment peindre ce qui se dérobe à la pensée, ce qui tient au sentiment, ce qui n'a rien de précis & qui embrasse tout, ce qui n'a pas plus de réalité que les couleurs qui n'existent que dans notre œil, & ne font rien par elles-mêmes ? J'en ait dit assez, si j'ai dit ce que le bonheur n'est pas, sans qu'il soit possible d'exprimer ce qu'il est.

Les hommes passent par l'enfance, la jeunesse, la vieillesse : ils perdent insensiblement leurs facultés. Si le bonheur est dans l'homme même, comment un être qui éprouve des vicissitudes, peut il embellir des mêmes couleurs les objets, lorsque le principe d'action & de chaleur qui l'animoit, est affoibli ou éteint ?

Il est des jours heureux; il n'est point de vie heureuse: ce seroit un songe enchanteur sans réveil.

Mais s'il n'est point d'hommes heureux; il en est de fortunés, il en est qui ont été favorisés par le sort d'un concours heureux de circonstances, il en est qui ont rassemblé une foule de jouissances conformes à leur goût, à leur caractère & à leur sentiment. C'est dans ce sens qu'on peut envisager l'existence du bonheur, & non dans une manière d'être absolue & durable.

Il est certainement des hommes dont la vie n'a été troublée par aucun chagrin violent, dont la santé robuste n'a été altérée ni par la douleur, ni par les infirmités, & qui sont parvenus à un âge avancé, après avoir joui des plaisirs de chaque âge. Ils semblent avoir été heureux; c'est ce qui n'est pas démontré.

La manière de sentir constitue le bonheur bien plus que les avantages qu'on possède, &

il est nécessaire d'en avoir la conscience pour être heureux. C'est dans la constitution générale de l'homme & dans le caractère particulier de chacun, que se trouvent les principes du bonheur.

En considérant les hommes en masse, la somme des souffrances surpasse celle des plaisirs & des jouissances. Le peuple, dans toutes les nations, combattant sans cesse contre le besoin, jouit à la dérobée de quelques sensations. Il ne connoît pas la volupté, & le germe de l'amour-propre est presque étouffé dans des êtres que le besoin & la dépendance avilissent sans cesse. Ils n'ont pas le sentiment d'eux-mêmes qui satisfait, qui aggrandit le cercle de l'existence. L'instinct les porte à se fuir, à s'oublier, & delà vient en partie le goût général du peuple pour les boissons spiritueuses & enivrantes. Ce n'est pas le plaisir de savourer un mauvais vin qui séduit l'homme du peuple : il cherche, sans le savoir, l'oubli de sa condition ; il veut ranimer ses esprits abattus par le malheur : l'espérance est au fond de la coupe. Dans l'état d'ivresse, il devient un autre homme, son cœur est ouvert à la confiance; il ne voit autour de lui que des amis : il s'élève à ses propres yeux & à ceux des autres.

Les Nations les plus sauvages recherchent l'état que procure l'ivresse. Dans l'Orient, où tout est soumis au despotisme, la pensée paroît à l'homme un don funeste. Il faut l'enfouir comme l'or & l'argent : l'homme tâche de l'amortir par le secours de l'opium. Dans ce pays, les fous, les imbéciles, sont des objets de vénération. Sous un Gouvernement oppresseur, on regarde comme un bienfait de la divinité, d'être privé du sentiment de son existence.

Le plus grand plaisir des hommes qui composent la multitude, est de satisfaire leur faim : ils ne connoissent pas les plaisirs, les émotions, les fureurs, les extases de l'amour passion. L'impulsion de la nature les porte, comme les animaux, à s'unir, & cette courte félicité, cet éclair de plaisir ajoute à leur misère par la fécondité qui multiplie leurs besoins. Dans cette classe d'hommes, le bonheur consiste à ne pas souffrir, & c'est aux législateurs à remplir cet objet.

O vous Bergers de grands troupeaux d'hommes, Rois, Souverains, dont l'âme sensible se plaît dans le contentement des autres, détournez les yeux de votre Cour, si vous voulez donner l'essor à vos nobles sentimens ! vous ne pouvez rendre heureux le petit nombre de courtisans qui vous environnent. Une soif inaltérable d'or, de grandeurs, d'éclat, les domine. Abaissez vos regards vers une multitude à qui vous pouvez accorder un bien-être sensible & durable, & qui passera jusqu'à la seconde genération.

Lorsqu'on songe au bonheur, les idées se portent vers les hommes d'une condition plus relevée, auxquels l'amour-propre & les passions composent des plaisirs qui ajoutent aux sensations, & qu'ils préfèrent souvent. Ce qui n'est plaisir pour le peuple que par la satisfaction d'un besoin, devient pour l'homme d'un état supérieur la volupté, qui est un rafinement de jouissance qui l'aiguise & la prolonge.

La nature fournit les germes, c'est l'art qui perfectionne leur développement. Qu'est ce qu'un épi de bled sauvage comparé à un superbe

superbe épi de froment venu dans une terre cultivée ?

La nature a pourvu à la durée de l'espèce par l'attrait du plaisir physique. L'homme aisé ou riche joint une foule d'affections morales aux sensations physiques.

Qu'on se figure un Sauvage, un pauvre pressé par l'aiguillon du désir, & cédant à cette impulsion avec la première femme qui se présente, avec sa grossière compagne: Il n'a pas l'idée de la beauté; il ne compare pas. Son imagination n'est point enflammée, son cœur n'éprouve aucune émotion: l'amour-propre ne lui fait rien sentir qui le flatte, & lui donne meilleure opinion de lui-même.

A ce tableau simple & vrai, opposez celui d'un homme du monde dominé par l'amour & comblé de ses faveurs. Au milieu d'un grand nombre de femmes, il en a distingué une. Sa figure, sa taille, ce je ne sais quoi enfin qui agit si puissamment, qui entraîne si rapidement, ont porté l'émotion dans son âme. La voir, l'entendre, lui ont paru le bien suprême. Le trouble, le silence ont été ses premiers interprètes. Enfin, il a parlé, pressé, supplié cette femme qui combattoit un même penchant. Ses agrémens l'ont fait préférer à ses rivaux; son ardeur a triomphé des obstacles: sa maîtresse a cédé à ses empressemens.

Revenu des premiers transports, rendu pour quelque temps à lui-même, l'effusion des plus tendres sentimens succède au plaisir suspendu & qui doit renaître: il repose dans le calme heureux d'une passion satisfaite. La vivacité de ses desirs est calmée, sans être éteinte: il jouit du passé & du présent, & voit dans un prompt avenir, de nouveaux plaisirs. Il s'applaudit de son choix, & la résistance qu'on lui a quelque temps opposé le flatte & redouble le prix de la conquête. L'esprit, le sentiment animent leur conversation. Ils s'aimeront toujours, & ces instans de félicité n'auront point de terme; chaque jour les verra renaître. Ils le croient, ... ils en font le serment, ... charmante illusion qui présente un enchaînement de délices!

Ces plaisirs que la culture de l'esprit, qu'une

imagination exercée ajoutent au fonds qu'à fourni la nature, n'ont rien de commun avec ceux du peuple. L'organisation est la même; mais l'une est engourdie & ne développe ses facultés que dans un petit cercle d'objets: celle des hommes d'une classe supérieure leur fait parcourir avec rapidité une sphère étendue de pensées & de sentimens. En conséquence, je dirai que le bonheur de cette classe consiste dans l'exercice des facultés. Celui qui est pressé de la faim, éprouve un grand plaisir à la satisfaire; l'homme dont l'amour-propre est délicat & sensible, a de même le besoin d'être distingué; celui qui a des talens, le besoin de les employer; celui qui est susceptible d'un sentiment profond éprouve le desir pressant de s'attacher, d'être intéressé, d'être ému. Mais les émotions pour l'homme sensible, les distinctions pour l'homme vain, le suffrage d'une société entière pour celui que l'amour-propre rend avide de louanges, produiront-ils le bonheur? Comme il n'y a point de terme aux desirs de la passion, tous ces avantages momentanés n'exciteront peut-être que des desirs plus violens. La raison seule peut modérer les passions de l'homme moral, & la raison est un pilote qui manœuvre en vain au fort de la tempête. Que peut-il faire pour diriger un vaisseau qu'entraîne le souffle impétueux des vents contraires ?

L'éducation apprend & invite à se répandre au-dehors, à entrelacer son existence par le moyen de l'opinion, avec une multitude d'êtres qui peuvent y porter des atteintes sensibles. Elle devroit au contraire porter l'homme à se concentrer en lui-même, à y descendre pour y trouver la paix d'une bonne conscience, à s'estimer enfin assez pour être heureux par son propre suffrage.

Si la sphère des plaisirs, des affections & des sentimens s'aggrandit pour l'homme au-dessus du peuple, le nombre des peines, des agitations & des chagrins augmente aussi dans une proportion immense. Il y a moins de maux physiques, que de tourmens produits par les passions & le déréglement de l'imagination. Les véritables biens, la santé, le repos, tous les plaisirs de la nature deviennent insipides à celui que l'ambition agite, que la vanité tourmente, que l'envie déchire. Vous voyez un homme à qui la fortune a prodigué ses faveurs, à qui la nature a donné un corps sain & vigoureux. Il est aimé de sa femme & de ses enfans qu'il chérit; sa présence répand dans sa famille le plaisir & la joie, & il n'y fait que des apparitions. S'il habitoit ses terres, il goûteroit le plaisir de faire du bien à ses nombreux vassaux, & il ne s'est montré que trois fois dans ses vastes domaines. Cet homme ne sent pas le prix de la santé; il ne jouit pas de sa fortune. Sa vie qui pourroit s'écouler dans un loisir animé de divers intérêts, se consume dans l'agitation & la crainte. Indépendant par ses richesses, il se voue à la servitude, il dévore des dégoûts. Son sommeil qui devroit être paisible, est troublé par l'envie & par l'inquiétude. Il écrit, il rampe, il sollicite, s'arrache au plaisir, se livre à des occupations contraires à ses goûts. Quel bien suprême doit être enfin le prix de tant de soins ? Il a renoncé à vivre pendant quarante années, pour se montrer deux ans dans sa caducité, le corps traversé de deux aunes de ruban.

Il en est des passions comme des desirs phyfiques. Elles conduifent au déréglement : mais l'épuifement met des bornes aux uns, & l'âme eft prefque toujours ouverte aux paffions, & capable de fe livrer avec excès aux defirs inquiets & fans ceffe renaiffans de l'ambition, aux élans de la vanité. La philofophie donne peu de moyens de réprimer les paffions, & leur vivacité foutenue ne permet pas de goûter le bonheur. Ceux qui approchent le plus de cette fituation, font les hommes que la modération de leur caractère empêche de fe livrer aux excès, fans émouffer le fentiment qui peut leur procurer des jouiffances. Le bonheur du peuple eft dans les mains de ceux qui gouvernent; ils peuvent éloigner de lui la mifere & le befoin, lui procurer des fubfiftances & du travail. Celui des claffes plus élevées n'eft pas moins en leur puiffance.

La conftitution républicaine femble plus propre à fatisfaire le befoin qu'éprouvent les hommes d'être émus & d'obtenir des fuccès. Chacun dans ce Gouvernement a le fentiment de fes forces, & les moyens de les mettre en valeur s'offrent en foule. Le miniftère, les honneurs de la pairie font ouverts en Angleterre au Jurisconsulte éclairé, à l'Avocat distingué par son éloquence. Chaque Citoyen est une partie active d'un grand tout : son amour propre ne se concentre pas en lui; il jouit des avantages de sa nation. Si les Monarchies n'ont pas les mêmes ressorts, elles en ont d'autres non moins puissans, l'amour du Souverain, l'honneur & les vertus de chaque état; enfin les distinctions y servent d'aliment à l'amour propre.

Après avoir parlé du bonheur du peuple en masse & des autres classes de la Société, il reste à examiner s'il est des hommes absolument heureux par un concours de circonstances réuni à une constitution favorable.

L'homme qui a joui le plus long-temps, le plus vivement dans l'ordre des sentimens qui dominent en lui, me paroît être le plus heureux. Je prends pour exemple le Duc d'Epernon, & je suppose que retenu dans son lit par quelques accès de goutte passagers, il retrace dans son esprit le tableau de plus de soixante années de sa vie. Quel espace se présente à ses yeux, entre les foibles commencemens de sa fortune & le degré de splendeur où il a rapidement été porté ! Favori d'un grand Roi dès la plus tendre jeunesse, traité par ce Monarque comme le fils le plus chéri, la faveur, la puissance, les richesses se réunissent pour le rendre heureux. Que de jouissances pour un homme altier, orgueilleux, ambitieux ! Les Rois se succèdent, & il demeure en possession des honneurs & d'une partie du pouvoir qui lui ont été conférés. Sa vie est ménacée plusieurs fois, & elle est conservée par des événemens si extraordinaires, que le vulgaire se persuade qu'un génie particulier veille au soutien de ses jours. Enfin, il parvient à l'âge le plus avancé sans infirmités. Persécuté quelquefois, il ne succombe jamais ; & les revers ne servent qu'à développer son courage & les ressources. Lorsque toute la France s'abaisse devant la puissance de Richelieu, lui seul, au milieu des grands proscrits & tremblans, conserve encore un ascendant qui impose au Ministre : il reste debout comme ces grands arbres épargnés par les temps & la cognée dans les forêts dévastées. Il est à croire que le Duc d'Epernon a dû se trouver heureux, en contemplant dans son imagination le cours de ses prospérités, les dangers auxquels il a échappé, les plaisirs de sa vie, les hommages des grands, les dignités, la pompe & les richesses qui ont embelli & illustré sa longue carrière.

Je suppose que Voltaire, dont l'amour-propre étoit si sensible, dans qui l'amour de la gloire a été si dominant ; je suppose que cet homme célèbre, parvenu à une extrême vieillesse sans avoir épuisé le don de la pensée, porte ses regards sur le tableau de sa vie active, glorieuse, agitée. En voyant la Nation prosternée devant son génie, en parcourant ses divers triomphes, accablé sous ses lauriers, ne doit-il pas convenir avec lui-même qu'il a été heureux ?

Le Maréchal de Saxe mourant disoit à un homme qu'il aimoit : *Mon ami, j'ai fait un beau songe.* Ces mots prouvent qu'il avoit le sentiment de son bonheur.

Celui qui n'a que des passions douces, dont la fortune est accommodée à ses désirs & à sa situation, qui passe sa vie au milieu des siens & finit dans leurs bras sans remords, sans crainte & sans douleur, est encore un homme heureux.

Le bonheur des conditions communes échappe aux gens élevés, puissants & riches qui ne conçoivent pas qu'on puisse être heureux sans aller à Versailles, sans parler aux Ministres, sans avoir un Hôtel, un nombreux Domestique, des équipages brillants, une loge aux Spectacles : habitués à dépenser par delà leur revenu, ils n'ont pas idée du contentement qui résulte de l'accroissement journalier d'une fortune acquise en détail ; il n'en est pas moins réel, & il est au-dessus de toutes les jouissances de la vanité. Ce n ari qui exerce une profession utile & qui rentre chez lui tous les soirs, après avoir recueilli les fruits de son travail, qui fixe l'attention de toute une famille intéressée à sa conservation ; le Marchand qui passe sa journée à vendre & fait le soir le compte de ses bénéfices ; enfin tous les artisans de leur fortune, jouissent d'une douce satisfaction ; à mesure qu'ils s'élèvent au-dessus du besoin, ils voyent dans l'avenir, l'aisance, le repos & l'avancement de leurs familles. Ils ont ce que n'ont pas les riches, des jours de fêtes ; chaque semaine leur offre des plaisirs qu'ils sentent, parce qu'ils succèdent au travail ; enfin, ils sont indépendants des grands, ils sont affranchis des devoirs de la société, des ménagements de la politique ambitieuse, & ne consument pas leur vie dans des antichambres.

Les êtres que l'amour brûle de tous ses feux, & dont le cœur fournit de nouveaux alimens à sa flamme, éprouvent des émotions délicieuses, & présentent l'idée du bonheur. Qui peut apprécier ce qui se passe dans l'ame, dans le cœur d'un homme éperdument amoureux? Qu'elle foule de jouissances lui offre l'imagination exaltée par la tendresse, embrasée par l'ardeur des sens! Tout s'anime autour de l'homme passionné : semblable à celui à qui le délire de la fièvre offre des fantômes, il voit, il entend des personnes absentes; il vit enfin dans un monde enchanté : le temps a cessé pour lui. Qui pourroit dire combien de siècles a vécu celui qui a beaucoup senti?

Si la manière de sentir, comme je l'ai dit, fait le prix des choses, il en résulte que nul ne peut juger de la situation véritable d'un être. Le malade qui paroît accablé de ses maux, est peut-être dans ce même moment plongé dans une extase ravissante (1). Enfin, dans la

___
(1) Un homme sur la roue que son Confesseur exhor-

possession des avantages qui flattent le plus les hommes, souvent un travers d'esprit (1) rend inutiles tous les frais que la nature semble avoir faits pour leur bonheur.

L'irritation d'un amour-propre déréglé joint à une délicatesse outrée de sentiment, a rempli les jours de Jean-Jacques Rousseau d'amertume. Les succès, les richesses, l'amour n'auroient pu le rendre heureux en lui procurant des jouissances passagères, qu'il auroit plus vivement goutées que tout autre. De même qu'un édifice s'écroule sous le poids d'un faîte trop lourd, sa tête a foibli sous le fardeau de l'extrême amour-propre qui avoit fatigué sa vie. Ses derniers écrits attestent l'altération de cet esprit sublime.

La nature a distribué des parcelles de bon-

---

toit à la résignation, lui répondit : *Mon Pere, il y a long-temps que je ne me suis trouvé dans une situation d'esprit aussi tranquille.*

(1) Un homme fort riche dans ce siècle, à portée par sa fortune de se procurer tous les plaisirs, jouissant d'une santé florissante, doué des avantages extérieurs, est mort de douleur de n'être pas Gentilhomme.

heur fur les Trônes, dans les Palais, les cabanes & les cachots. Lorfqu'une pluie abondante fe répand fur la terre, elle gliffe fur les terreins fablonneux fans y laiffer de traces, tandis qu'elle en humecte d'autres, s'y incorpore & les fertilife. Il en eft de même des élémens du bonheur. Ils fe raffemblent vainement en foule autour de quelques êtres, tandis que d'autres favent fe les approprier & en jouir.

Le plus grand obftacle au bonheur vient fouvent de la difproportion qui fe rencontre entre le caractère, l'efprit & les forces phyfiques, & d'un mélange de goûts indéterminés & de paffions vagues. Le cœur & l'efprit ballotés par des vents légers & contraires ne favent où fe repofer, & ne font jamais entraînés fortement vers un but qui les fatisfaffe. La plupart des hommes offrent un compofé de demi-paffions, de goûts foibles & incertains. Ils reffemblent à des convives qui goûtent fans plaifir de tous les mets, fans s'arrêter à aucun.

Il eft un genre de bonheur qui échappe à l'obfervation, qui n'offre rien de déterminé, quoiqu'il soit réel & étendu: c'est le bien être qui résulte de la plénitude de l'existence, de l'abondance des esprits de vie. Elle se déborde en quelque sorte sur tous les objets qui nous environnent: l'homme est heureux par cela seul qu'il existe. La nature est pour lui un parterre enchanté, dont le spectacle le touche & le ravit. L'air qu'il respire lui semble pur & délié, & porter dans lui à chaque instant une nouvelle vie. C'est dans la jeunesse, dans l'âge de la force, que ce bonheur d'existence se fait vivement sentir, sans qu'il soit besoin même d'y joindre des plaisirs vifs. Delà vient ce souvenir tendre & délicieux du printems de la vie qu'on éprouve en avançant vers la vieillesse. Sans retracer des plaisirs distincts & marqués, il rappelle le plaisir. Le prisme de la jeunesse coloroit tous les objets: cette habitation, ces prés, ces bois sont encore les mêmes, mais l'œil qui les contemploit a changé.

De ces réflexions sur le bonheur, je tirerai cette conséquence, que la nature en fait presque tous les frais. La raison cependant n'est pas sans influence, & la comparaison de notre état avec d'autres est peut-être le plus sûr moyen qu'elle puisse employer pour faire sentir le prix de ce qu'on possède, & diminuer le sentiment du malheur. Combien de gens se trouveroient heureux, si considérant quelquefois les avantages qu'ils ont reçu de la nature, les biens qu'ils possèdent, la santé dont ils jouissent, ils comparoient leur état à celui des autres; s'ils se disoient: la perte de ces biens, de ces avantages, que l'habitude me rend indifférents, me paroîtroit le comble du malheur; si, portant leurs regards sur les temps où ils desiroient si vivement les objets qu'ils possèdent si languissamment, ils songeoient que ces biens feroient la félicité de mille gens qui les envient.

Les maux physiques, présentent la consolation de la nécessité, celle d'avoir des semblables dans tous les rangs, & l'exemple de plus douloureux encore; enfin leur extrême vivacité s'oppose à leur durée. Celui qui souffre, peut se plaindre tout haut, sans être humilié des maux qu'il endure; il éprouve du soulagement par les remèdes, & son état, quelque désespéré qu'il soit, laisse toujours quelque place à l'espérance. Il est dans les plus vives douleurs des moments de relâche, & souvent elles font un acheminement certain à la santé. Les soins empressés de nos proches, de nos amis, semblent verser du baume sur les maux les plus cruels.

Il est des plaisirs vivement sentis par celui que la maladie paroît devoir accabler; il se compose un bonheur & des jouissances, dont lui seul peut avoir l'idée; un changement de position, une permission de prendre des aliments, sont des événements qui remplissent de joie un malade, & suspendent ses douleurs; les peines de l'esprit, les douleurs de l'âme ne sont pas susceptibles des mêmes adoucissements; les chagrins les plus vifs sont souvent ceux qu'il faut dissimuler. A quel ami peut-on dévoiler les tourments de l'amour-propre blessé, faire connoître les tempêtes qu'excite dans l'esprit la vanité humiliée? les horreurs de l'indigence éloignent de nous les hommes, & à toutes les privations se joint l'aspect de leurs mépris. Ce besoin de l'opinion qui détermine les efforts & les veilles de l'homme policé, devient son plus grand tourment, lorsqu'elle lui est défavorable: les peines de l'âme sont encore plus sensibles que les chagrins de l'esprit, & il en

est

est que nulle consolation ne peut adoucir. Celui qui a perdu sa maîtresse, qui est privé à jamais d'un ami chéri, ne voit plus rien dans la Nature qui puisse l'intéresser. La privation des biens dont on a joui, des grandeurs qui nous attiroient la considération, la captivité, la dépendance des autres, les dédains des Grands, le spectacle du bonheur des méchants, des succès de l'homme sans mérite qu'on nous préfère, les ennuis de l'exil; tous ces maux de l'esprit & de l'âme se renouvellent sans cesse; il n'est point de remède qui émousse leur piquant aiguillon, point de calmant qui en suspende le douloureux sentiment: après avoir ravagé l'âme, tourmenté le cœur, aigri & troublé l'esprit, ces maux agissent sur le physique & ils éteignent le courage par la diminution des forces.

La vie est une assez mauvaise étoffe, dont la broderie fait tout le prix. On est souvent plus attaché à une certaine manière de vivre qu'à la vie.

Les dignités, les grandeurs, sont de riches parures qui éblouissent les autres & pesent à ceux qui les portent.

L

C'est une grande foiblesse de ne savoir être qu'une chose dans la vie.

De la durée du temps.

Le temps est mesuré par l'impatience du désir & par la crainte d'un terme fatal dont on approche.

Les époques, les divisions, nous donnent l'idée du temps & l'abrégent. L'uniformité des situations, lorsqu'elles ne sont pas très-vives, augmente le sentiment de sa durée. Le Voyageur, qui parcourt de vastes plaines, éprouve plus d'ennui que dans un chemin varié par des bois, des montagnes & des habitations. L'imagination aime à se reposer sur des objets successifs qui l'avertissent de l'espace & du temps parcourus.

Les Religieux ne s'ennuient pas autant que les gens du monde, parce que toutes les heures de leur journée sont variées par diverses occupations. Chacune des divisions du jour employée à la Priere, à la Lecture, offre à l'imagination un court espace à parcourir. Elle seroit effrayée en contemplant l'emploi d'une journée entière.

Il n'y a point de temps pour la Divinité ; ne changeant jamais de sentiment, sa pensée étant une, étant universelle, il n'y a ni présent, ni avenir pour elle.

Quelquefois nous ressemblons à Dieu dans ce rapport ; C'est lorsque nous sommes vivement affectés d'une sensation délicieuse & même d'une douleur profonde. La continuité d'un sentiment vif au même dégré confond tout. Il n'y a plus de tems, rien n'en peut établir la distribution, parce qu'il n'y a aucune différence dans le sentiment.

Dans la jeunesse, les sens ont une aptitude merveilleuse à être vivement affectés. C'est le tems des émotions de l'ame & du délire des passions. Les impressions sont fortes, leur souvenir est durable ; tous les objets sont nouveaux ; ils font un effet plus sensible. Les desirs sont vifs, tumultueux, la curiosité insatiable. On vit dans l'avenir, on imagine des plaisirs supérieurs à ceux dont on peut jouir.

La fréquence des desirs & des jouissances multiplie les époques de cet âge; la vie paroît sans terme, c'est un trésor qu'on croit inépuisable. La variété des situations doit faire passer rapidement le tems de la jeunesse, mais la vivacité des desirs le fait quelquefois paroitre long: c'est à cet âge qu'on dit si fréquemment; je donnerois un an de ma vie pour être à un tel jour.

Dans l'âge qui suit, les desirs s'amortissent; la situation de l'homme est déterminée, sa curiosité affoiblie, ses occupations fixes. Sa vie n'a plus autant d'oscillations, parce que ses sentimens & ses idées ont plus de consistance. Il jouit plus tranquillement du présent & ne desire pas si vivement le lendemain. L'homme a éprouvé à cet âge que tout se ressemble. Ses passions deviennent des goûts, il met du ménagement dans ses plaisirs. Le temps s'écoule alors avec plus de vitesse, parce qu'il a moins de desirs, plus de jouissances, & qu'il craint le terme de la vieillesse qui s'offre en perspective. Il compte bientôt avec lui-même : il voit qu'il est à la moitié ou plus du chemin. Ses facultés diminuent : la crainte de les voir s'anéantir, de voir tarir la source de ses plaisirs, lui fait paroître rapides des jours dont chacun lui enleve une portion de lui-même.

De l'Ennui.

L'ennui est le sentiment pénible de son existence, sans douleur ni chagrin. La vivacité extrême de l'esprit porte à l'ennui, parce qu'elle fait trop promptement parcourir les objets sans s'y arrêter. Un esprit vif & sans force doit être un principe constant d'ennui.

Un mélange de paresse & d'ardeur à peu-près égal, doit rendre l'homme malheureux. Il éprouve dans cet état d'incertitude les tourmens des desirs & l'aversion du travail & des soins qui peuvent les satisfaire. Attiré tour-à-tour par la paresse & l'ambition, il ne goûte ni les charmes du repos, ni le plaisir du succès.

Lorsque l'amour & ses plaisirs ont rempli entièrement l'espace de la jeunesse, on se trouve dans la saison suivante sans goûts & sans desirs. L'ame énervée n'a plus la force d'éprouver des sentimens dégagés des sens; l'esprit est resté sans exercice & sans aliment : les sens sont flétris. Sans intérêts dans la société, sans capacité pour les affaires, l'homme éprouve tout le vide de l'ennui.

L'ambitieux qui est forcé de renoncer à toute espérance, est dans un état semblable à celui que je viens de décrire. Dominé par un seul objet qui lui manque, l'univers est pour lui un séjour de tristesse. Envain le printemps vient embellir la terre : c'est le lever du Prince & non celui du Soleil qui fait effet sur lui. Il est insensible au spectacle touchant de la nature; celui d'une nombreuse antichambre peut seul l'intéresser, ouvrir son ame à la joie. Il porte par-tout une langueur accablante, que rien ne peut dissiper.

DIALOGUE

ENTRE

Un Ministre disgracié & un Médecin.

Le Ministre.

ON m'a vanté, Monsieur, votre science, & je me suis déterminé à y avoir recours par complaisance pour mes amis, quelque peu d'espoir que j'aye de guérir.

Le Médecin.

Vous croyez peut-être, Monsieur le Comte, que je m'occupe des maladies du corps. Ce sont celles de l'ame & de l'esprit qui ont fixé mon attention, & c'est par la cure de celles-ci que je guéris souvent les autres. Je suis Médecin *moral*. La plupart des désordres de l'économie animale viennent du déréglement des passions. Voilà ce que l'expérience m'a appris. Je me suis appliqué à connoître toutes les affections de l'ame, leurs principes & leurs effets, à démêler l'opposition des passions entre-elles, les divers penchans qui entraînent les hommes & leur dégré de vivacité, enfin l'influence de la paresse qui les amortit & les modifie, & la domination plus ou moins grande de la vanité qui substitue des chimères qui tourmentent, à des réalités qui rendroient heureux. Mes trois moyens de guérir consistent à *calmer*, *diriger*, *animer*. D'après cet exposé, c'est à vous de voir si vous voulez entrer en explication avec moi. Dans ce cas, je vous demande de la franchise, & la dissimulation vous seroit peu utile; car l'habitude de la réflexion me fait pénétrer ce qu'on me cache, & souvent en me disant un mot, on me dit tout.

Le Ministre.

Votre manière de traiter m'importe peu, Monsieur, si vous guérissez. Les remèdes qu'on m'a prescrit, m'ont fatigué sans me procurer de soulagement.

Le Médecin.

Les miens ont au moins cet avantage, c'est de ne point altérer le tempérament.

Le Ministre.

C'est ce qui me porte à en faire l'épreuve : je vais vous exposer ma maladie, & vous pouvez compter sur ma franchise. Je suis tombé depuis un an dans un affaissement qui absorbe toutes mes facultés. On m'a donné des remèdes pour le foie, qui n'ont produit aucun effet.

Le Médecin.

La maladie de Monsieur le Comte me paroît grave. A en juger par son teint, ses yeux creux & la maigreur de son visage, je crois effectivement le foie considérablement obstrué.

Le Ministre.

C'est ce que l'on m'a dit. J'ajouterai à Monsieur le Docteur que mes digestions sont très-laborieuses & que mon sommeil est troublé par des rêves fatigans. Je songe sans cesse que je tombe du haut d'une montagne, que je suis poursuivi par des renards, & des serpens qui sifflent autour de mes oreilles.

Le Médecin.

Je ne puis dissimuler à M. le Comte que son état est fâcheux. La maladie qu'il éprouve m'est connue; mais je n'en ai guéri que deux ou trois dans ma vie.

Le Ministre.

Et comment appellez-vous cette maladie ?

Le Médecin.

Vous savez, Monsieur, qu'il n'y a rien de plus fâcheux qu'une petite vérole rentrée. La matière variolique qui se faisoit jour au-dehors, répercutée dans l'intérieur produit les accidens les plus graves. Il en est de même de l'état de Monsieur le Comte: la maladie qu'il éprouve est une ambition rentrée.

Le Ministre.

Vous me connoissez peu, Monsieur le Docteur ; vous jugez de moi par la place que j'ai occupée ; mais je suis Philosophe, & si je regrette quelquefois le Ministère, c'est par le desir que j'ai d'être utile à mes semblables. Je ne crois pas qu'on puisse me soupçonner de desirer la fortune.

Le Medecin.

Je ne dis pas cela, Monsieur, je suis persuadé de votre désintéressement. Je conviendrai avec vous que vous desirez le bonheur des hommes ; mais convenez à votre tour avec moi que vous voulez le faire par vous-même, & qu'il a moins de prix à vos yeux opéré par d'autres.

Le Ministre.

C'est un amour propre louable, je crois, & je ne m'en défends pas à un certain point.

Le Médecin.

Je ne prétends pas blâmer Monsieur le Comte ; ce n'est pas de cela qu'il s'agit, mais de ce qu'il éprouve & des moyens de le guérir. Le plus grand des Médecins seroit le Roi.... Mais peut-être n'est-il pas déterminé à employer les moyens efficaces de guérir M. le Comte. Je ne puis entreprendre que de le soulager & d'user de palliatifs ; car sa maladie est presque incurable, quand le malade sur-tout ne seconde pas le Médecin par ses efforts, & qu'il n'a pas dans son caractère des ressources pour combattre un mal aussi dangereux. Monsieur le Comte me permettra de lui demander s'il a des enfans, s'il les aime ?

Le Ministre, en soupirant.

Si j'aime mon fils ! oui, j'ai un fils unique, l'espoir de ma race, à qui je comptois procurer l'établissement le plus brillant au moment où j'ai été renversé.

Le Médecin.

Je vois que M. le Comte s'occupoit de l'élévation de son fils. Mais desiroit-il également son bonheur, & n'est-ce pas son nom que caressoit son amour-propre ? n'est-ce pas la perpétuité en quelque sorte de lui-même qu'il avoit en vue ? j'en demande pardon à Monsieur le Comte, mais je suis obligé de lui parler le langage de la vérité, qu'il avoit perdu l'habitude d'entendre. Y a-t-il long-temps qu'il n'a vu son fils ?

Le Ministre.

Il y a près de six mois. Je me refuse à toute société dans l'abattement où je suis : c'est un effet de mon état.

Le Médecin.

Je vois que le fils de Monsieur le Comte n'est pas nécessaire à son bonheur, puisqu'il se prive du plaisir de le voir. Et Madame son épouse ?

Le Ministre.

Nous vivons peu ensemble : elle a d'autres goûts, d'autres sociétés.

Le Médecin.

Pour que je puisse entreprendre de soulager Monsieur le Comte, il faut qu'il me permette encore des questions qui seroient indiscrettes dans toute autre circonstance. Avez-vous eu des attachemens de cœur ?

Le Ministre.

A parler vrai, je regarde les sentimens & ce qu'on appelle le cœur, comme des mots vides de sens, inventés par les femmes, pour justifier leurs foiblesses. J'ai toujours eu un attachement d'habitude, ce qui est en quelque sorte de décence pour un homme en place, & lui est utile pour être instruit, sans compter des goûts de traverse……

Le Médecin.

Je conçois que Monsieur le Comte n'a pas le cœur très-sensible, & j'en suis fâché. C'est une illusion, si vous voulez, mais ce seroit un bien réel dans la circonstance actuelle. Les beautés de la nature ont peu de charme pour vous, Monsieur, à ce que j'imagine ?

Le Ministre.

J'ai toujours entendu parler de la nature; mais je ne sais pas trop ce que c'est, & je vous avoue qu'une belle décoration d'opéra me paroît aussi agréable que le plus beau jardin ; ce n'est pas que je n'aie dépensé beaucoup d'argent en jardins Anglois, en ruines..

Le Médecin.

Quant aux ruines, les Ministres ont beau jeu pour ce genre de spectacle.

Le Ministre.

Voilà une mauvaise plaisanterie, M. le Docteur, mais je vous la passe pour la singularité.

Le Médecin.

Pardon, Monsieur, je reviens. Vous n'êtes point sensible au spectacle de la nature. Je dois en conclure que le beau, dans aucun genre, n'a aucune prise sur votre ame. Une belle statue, un beau tableau, une excelente musique vous touchent peu, sans doute; car les Arts ne tendent qu'à imiter la nature.

Le Ministre.

J'en conviens. Mais à quoi bon ces questions ?

Le Médecin.

A savoir ce qui agit sur vous, pour augmenter l'action de certaines choses & diminuer celle des autres. Avez-vous du goût pour les lettres ?

Le Ministre.

J'ai toujours eu à ma table des gens de lettres ; mais leur conversation m'intéressoit fort peu, & je n'aime que les livres qui traitent des affaires actuelles.

Le Médecin.

La gazette, par exemple ? c'est une bonne lecture ; mais les événemens qu'elle expose peuvent retracer de fâcheux souvenirs dans la situation où vous êtes. J'avois quelque idée que Monsieur le Comte aimoit la littérature, mais je vois qu'il n'a reçu les gens de lettres, que pour s'assurer des suffrages éclatans. Ce sont des trompettes qu'il faisoit résonner pour lui.

Le Ministre.

Avez-vous fini vos questions, Monsieur le Docteur ?

Le Médecin.

Oui, Monsieur; à présent je connois votre tempérament & votre maladie. Elle est grave, & votre constitution me laisse peu de moyens curatifs à employer.

Le Ministre.

Vous en avez guéri, à ce que vous m'avez assuré vous-même, qui étoient dans la même situation?

Le Médecin.

J'en conviens, mais les malades dont vous parlez, avoient dans eux-mêmes des ressources que mon art m'apprend à développer, dont j'ai su diriger l'emploi. L'un avoit du goût pour les arts & les lettres; l'autre étoit sensible. Je leur ai enseigné à mettre à profit leurs goûts & leurs affections.

Le Ministre.

N'avez-vous pas d'autres moyens que vous puissiez employer efficacement pour moi?

Le Médecin.

Votre ame n'est point sensible ; votre cœur n'est point capable de tendres affections ; votre âge ne permet pas que vos sens vous donnent de grandes distractions, & vous n'êtes point susceptible de goûts. Jugez vous-même, Monsieur, de l'embarras où je dois être pour vous soulager. Je n'ai point de prise sur vous. Ceux qui sont accoutumés à éprouver des plaisirs vifs, ont perdu l'habitude & les moyens d'être animés par des intérêts doux & tranquilles. Leur ame contracte l'habitude d'une impression de tristesse, à peu-près semblable à celle qu'on éprouve passagérement après l'éclat bruyant d'un feu d'artifice. C'est un grand malheur d'avoir besoin d'être vivement intéressé, & de ne pouvoir l'être que d'une seule manière. La folie est la domination d'un seul objet. Pour la prévenir dans son principe, il faut faire agir plusieurs objets sur l'esprit, afin de faire naître une opposition, d'exciter un combat modéré de divers penchans, qui empêche la tyrannie d'un seul. M. le Comte n'est pas fort éloigné de la folie, s'il n'y prend garde.

Le Ministre.

Monsieur le Docteur ! pensez-vous à ce que vous dites ? Un homme dont j'ose dire que les jugemens ont toujours été applaudis......

Le Médecin.

Oui, Monsieur ; mais cet homme étoit dans son élément, lorsqu'il faisoit éclater ses lumieres. Rien ne plaît à vos yeux que l'attitude du respect, la louange seule flatte vos oreilles. Vous n'êtes réveillé que par le mouvement de grands intérêts qui se présentent autour de vous ; je ne puis vous procurer une antichambre remplie de folliciteurs, garnir votre table d'auditeurs attentifs, prêts à rire ou à applaudir suivant que M. le Comte est en gaieté, ou se livre à des discussions sérieuses ; je ne puis enfin remplir votre esprit d'affaires importantes qui concernent de grands personnages, ou qui influent sur le sort d'une multitude d'hommes.

Le Ministre.

Il n'y a donc aucun remède à espérer pour moi, & votre profond savoir......

Le Médecin.

Ne vous sera pas tout-à-fait inutile. Il servira à arrêter les progrès de votre mal & à en diminuer l'action. Il n'est pas possible de faire agir les remèdes sur votre ame & sur votre esprit, puisqu'ils ne sont capables ni d'affections, ni de goûts; il n'y a donc que le corps sur lequel il semble qu'on puisse agir, & l'avis à cet égard à vous donner est bien simple. Il faut M. le Comte, faire un grand exercice, donner à votre corps un mouvement extrême qui le fatigue, afin de rendre moins sensible la domination de l'esprit; il faut changer souvent de lieu, voir des hommes nouveaux que votre réputation rendra pour quelque temps attentifs à votre personne : ce sera une considération passagère, mais qui vous fera quelque illusion ; car enfin quel est votre besoin ? c'est d'occuper les autres. Denys le tyran se fit maître d'école, lorsqu'il fut détrôné : cela n'étoit pas mal vu ; il étoit écouté, il récompensoit, punissoit ; enfin c'étoit exercer une domination.

Le Ministre.

Mais, Monsieur, vous êtes Médecin moral, & vous me conseillez de faire de l'exercice, pour me guérir de la jaunisse. Le premier des Médecins que j'aurois consulté, sans avoir comme vous la prétention de guérir les affections de l'ame, m'auroit indiqué le même remède.

Le Médecin.

Ce ne sont, Monsieur le Comte, que des palliatifs que je vous indique, & je conviens que tout autre vous en diroit autant; mais j'ai un remède que j'hésite à vous proposer, qui est de mon ressort, & qui n'est pas commun; la crainte qu'il ne vous effraye, m'a retenu.

Le Ministre.

Quel est-il ? je suis déterminé à tout.

Le Médecin.

Eh bien, Monsieur, ce seroit de vous faire exiler.

Le Ministre.

Y pensez-vous, de me proposer d'ajouter à mon malheur ?

Le Médecin.

Ah ! Monsieur le Comte ne sait pas le plaisir qu'il y a pour un ambitieux d'être exilé ; c'est une continuité de considération que l'exil : il y a quelque chose de piquant dans un malheur qui n'est pas commun, qui nous est propre, qui nous distingue des autres. On produit un plus grand effet dans le monde, la disgrace a plus d'éclat, on est obligé de rassembler ses forces pour lutter contre un plus grand malheur ; il y a du mérite à le supporter, l'ame se roidit....

Le Ministre.

Mais, Monsieur le Docteur, je m'étonne que vous ne me prescriviez pas la prison.

Le Médecin.

M. le Comte, ne plaisantez pas. Quelques mois dans un Château ne sont point à dédaigner pour la considération : la persécution a ses charmes, Monsieur ; mais je me borne à des moyens plus doux ; songez aux plaisirs de l'exil, comparés aux inconvéniens de la liberté. Si un homme avoit usurpé un grand nom, qu'il eût paru dans le monde avec éclat, quel plus cruel supplice pourroit-on inventer que de le faire vivre dans ce même monde, dégradé & dépouillé ?

Le Ministre.

Votre comparaison a bien quelque rapport avec la situation d'un Ministre hors de place, mais la perte de la liberté est affreuse.

Le Médecin.

Mille fois moins que les dédains multipliés de ceux avec qui nous vivons, que le souvenir sans cesse excité de ce qu'on a perdu. L'Exilé n'a pas l'amertume de se trouver des égaux dans tout ce qui l'environne, & d'être comme un autre au milieu de la société, de lire sur chaque visage l'indifférence, d'être confondu dans la foule, d'y être coudoyé, d'être abordé avec familiarité des gens qui se prosternoient au tems de sa puissance, d'entendre parler sans cesse de son successeur, de sa faveur. Dans l'exil, on est occupé de l'espérance d'obtenir la liberté ; on se figure qu'on produira le plus grand effet, lorsqu'on reviendra dans le monde : croyez-moi, M. le Comte, l'exil a bien des avantages, & je pense que c'est un rafinement de malice aux Rois, de ne pas exiler leurs Ministres, & de les rendre à la vie commune des hommes, pour y éprouver leurs dédains & se trouver ensevelis au milieu des vivans. La liberté qu'un Roi laisse à son Ministre de rentrer dans la société, est une marque de mépris ; c'est lui dire, je ne crains point vos cabales, ni celles de vos amis : il semble qu'on fasse à celui qu'on exile, l'honneur de le craindre, qu'on redoute ses intrigues & son influence sur les esprits. La considération d'un Exilé se soutient dans l'éloignement ; mais mesuré sans cesse dans la société, il perd une partie de son mérite : réfléchissez-y, Monsieur le Comte, & vous sentirez combien il vous seroit avantageux d'être exilé ; je crois que je répondrois de votre santé, si le Roi vous faisoit cette faveur.

———

Ceux dans qui l'amour propre domine, ceux que la vanité seule dirige dans toutes leurs démarches, n'ayant point de plaisirs solides qui tiennent à l'ame, ou même aux sens, éprouvent un mal-être sensible, lorsqu'ils ne fixent pas l'attention de ceux qui les environnent. Le besoin perpétuel d'être flatté & de produire un effet dans la Société, les rend insensibles à la plupart des plaisirs. Ce sont des malades d'amour-propre.

Les amoureux, les ambitieux, tous ceux enfin qui sont tourmentés d'un desir dominant, éprouvent souvent l'ennui, parce qu'il n'est dans la journée pour eux que quelques heures de jouissance. Occupés sans cesse du même objet, tous les autres plaisirs deviennent insipides pour eux.

La contrariété des goûts & des passions ; la domination ou l'anéantissement d'un penchant & celui des facultés, sont des causes secondes de l'ennui que les hommes éprouvent. Un mélange heureux de loisir & d'occupation rend l'homme animé & sensible à tous les plaisirs.

Les hommes blasés par la multitude & la

facilité des jouissances, ne font plus susceptibles d'aucun genre d'intérêt. Eclairés sur le néant de l'ambition, rassasiés des plaisirs de l'amour; devenus à force de discernement & de délicatesse difficile sur les arts, l'esprit, les manieres, les ouvrages, il leur faut du singulier, de l'extraordinaire. Si leur ame a conservé quelque ressort, la nouveauté du malheur seroit peut-être le seul moyen de les tirer de leur langueur. Ces ennuiés finissent par un dédain universel. Ils méprisent la gloire & peut-être même le mépris. Ce sont des gens qui ont fait promptement le tour en quelque sorte de la planette qu'ils habitent. Ils en peuvent faire une exacte description & mettre à chaque chose son prix.

Il est des gens qui excitent par leurs discours, leur présence même, le sentiment de l'ennui dans les autres, & on peut les ranger dans deux classes. Les uns par le vide de leur ame communiquent la langueur; les autres fatiguent par la surabondance de discours sans intérêt : ainsi le plein & le vide sont les sources de l'ennui.

Cléophon n'a jamais pû atteindre un certain unisson d'idées avec ceux qui s'entretiennent avec lui. S'il récite une histoire, il manque de rassembler les circonstances qui doivent fonder l'intérêt, il s'étend sur ce qui est indifférent, il raconte d'un même son de voix, sans mutation, sans variété dans le geste, & il est tout étonné de voir bailler à un récit qui l'a fait rire. Cléophon ne sait point converser. Il raisonne hors de propos, & n'a point le discernement des sujets qui conviennent aux personnes. Il se répand impitoyablement en détails sur des objets indifférens, en longs raisonnemens, lorsqu'il n'y a qu'un mot à dire; sans souplesse dans l'esprit, il ressemble aux loups qui ne peuvent se retourner, & il ne répond souvent qu'à ses idées, sans écouter les autres. Il parle à la femme, au bel esprit, à l'homme en place, du même ton, emploie le même langage. Cet homme a par malheur quelque esprit & de l'instruction, & ce sont pour lui des moyens de plus de se rendre insupportable. Les sots, les gens d'esprit, les femmes le fuient également. On croit entendre un instrument discordant dans un concert. Chacun tremble quand il va prendre la parole.

on ne l'écoute pas, on attend qu'il ait fini. C'est une cloche importune qui suspend la conversation, qu'on reprendra, quand le bruit aura cessé. Ne croyez pas que les gens délicats soient seuls ses victimes. L'ennui est une contagion qui se répand sur toutes les classes. Oui, je garantis que le Suisse, le Cocher, le Laquais de Cléophon souffrent de l'ennui dont leur maître infecte la Société. Son Laquais derriere la chaise baille, & retourne dans l'antichambre se plaindre de ses récits assommants, de ses pesantes dissertations.

De l'Amitié.

On dit souvent que ceux qui savent bien haïr, savent bien aimer; comme si ces deux sentimens avoient le même principe. L'affection part du cœur; & la haine, de l'amour-propre irrité, ou de l'intérêt blessé.

Il faut pour s'aimer d'une manière durable, aimer quelque chose en commun. Que peut-on aimer, si ce n'est la vertu, sans craindre que la jalousie ou l'opposition des intérêts altère l'amitié?

Comment l'amitié pourroit-elle exister entre des gens vicieux ? ses liens peuvent-ils être un frein pour ceux qui ont rompu tous les liens ?

La présence d'nn ami nous est nécessaire : on desire de partager avec lui ses plaisirs, ils en semblent plus vifs ; mais en amour on n'a besoin de personne, ni d'aucun plaisir étranger. L'amitié donne plus de prix aux objets, l'amour tient lieu de tout.

Le caractère change, les situations de la fortune varient, les affaires se multiplient, l'humeur s'altère, les goûts s'affoiblissent, de nouveaux attachemens remplissent le cœur de l'homme, il devient époux & père, de nouveaux rapports s'établissent entre lui & les autres, & l'on veut qu'il y ait un attachement qui survive à toutes ces vicissitudes, qui ne perde rien de son action, de son charme, & qui remplisse également le cœur !

Aglaé est au Couvent ; elle est liée de la plus tendre amitié avec Doris. Ce sont deux jeunes plantes qui croissent ensemble ; elles se confient leurs chagrins, leurs plaisirs : tout est par elles senti en commun. Elles s'entendent à demi mot ; il semble qu'elles aient une langue particulière ; & dans l'âge où les sens commencent à s'animer, leur amitié redouble de vivacité. Le besoin caché & puissant qu'ont les êtres de s'unir, les entraîne l'une vers l'autre. Elles éprouvent un plaisir infini à se voir, elles se prodiguent les caresses, & presque toutes les agitations de l'amour semblent être dans leur ame. Est-il une amitié plus tendre ? Leur caractère doux, constant, leur ame sensible & passionnée, paroissent en assurer la durée. Aglaé sort du couvent, & se marie. Un objet nouveau d'attachement s'empare de son cœur & enivre ses sens. Qu'elle est la place de Doris ? elle est devenue la confidente de son amie, qui ne la voit que pour lui parler de son bonheur. Doris se marie à son tour ; la conformité des situations semble redoubler leur amitié : on se fait des confidences mutuelles : Mais bientôt le torrent de la dissipation entraîne l'une, tandis que l'autre est plus concentrée dans son intérieur ; l'une cesse d'aimer son mari, & son cœur lui donne des successeurs ;

l'autre a des enfans qu'elle chérit, & leur éducation l'occupe toute entière. De quoi se parleront Aglaé & Doris? l'une de son amant, l'autre de ses enfans. Elles ne s'entendent plus ; des objets trop distans les occupent, des sentimens trop opposés les remplissent. Le souvenir de leur ancienne liaison subsiste dans leur ame, mais leur commerce est languissant. Nul besoin, nulle conformité de mœurs, de sentimens, ne les rapproche. Pendant vingt années cependant leur liaison froide & sans objet sera citée peut-être comme un modèle d'amitié.

Alceste a un ami intime. Il devient amoureux : dès-lors son ami devient le second dans l'ordre de ses affections. Et il en est des sentimens comme des diamans, la plus légère différence en met une extrême dans leur prix.

Valsin fait une grande fortune, il occupe un poste éminent dont les détails sont absolument étrangers à son ami; il n'a plus que des momens à lui donner, & il ne peut lui confier des intérêts qui sont trop éloignés de sa situation. Que lui serviroit de lui demander des conseils sur des objets qui lui sont inconnus? leur affection doit s'éteindre faute d'aliment. Ils ne se brouillent pas, mais leur amitié est devenue un titre sans fonction.

Un autre aime la chasse, la musique, les spectacles. Il a un ami qui partage ses goûts: il cesse de s'y livrer & son ami a des goûts différens; d'autres occupations remplissent sa vie. De quoi parleront ces intimes amis? quel sera l'objet qui les intéressera en commun?

Deux amis sont unis depuis vingt ans par des conformités d'humeur, de caractère, de goûts: leur liaison semble devoir être éternelle. La santé de l'un s'altère. Son humeur s'aigrit: il devient difficile, exigeant. Son ami lui reste attaché par la constance de son caractère, parce qu'il en a pris en quelque sorte l'engagement dans le monde; mais il souffre intérieurement, il dissimule, il est entraîné à être faux malgré lui: malheur à lui, s'il a des obligations à son ami! Il se trouve lié avec des chaînes d'acier; il ne peut plus suivre ses sentimens, son humeur est captive, sa langue est forcée d'exprimer ce qu'il ne sent plus,

plus, ses yeux de montrer une joie ou un chagrin qu'il ne partage pas. Descendez au fond de son cœur. Tant de contrainte a produit la haine; & une fausse amitié que tout le monde vante, semble faire son bonheur.

» Il n'y a, dit le Cardinal de Retz, que la
» continuation du bonheur qui fixe la plupart
» des amitiés. Il n'y a personne, ajoute-t-il,
» qui ne croie faire honneur à un malheureux,
» quand il le sert.

Si des principes confirmés tant de fois par l'expérience, étoient gravés dans l'esprit des hommes, ils se plaindroient moins. Il faut regarder comme des hasards heureux, tout ce qui est opposé à ces exemples, & s'attendre d'avance à la légéreté, à la perfidie des hommes.

Dans l'adversité, les amis deviennent souvent insupportables, ils abondent en conseils qui contrarient, ils reprochent les fautes qu'on a faites; ils blâment le caractère qui les a produites, tandis qu'ils ont mille fois peut-être admiré les effets de ce même caractère. Ils veulent que le feu chauffe & ne brûle pas: Il

N

faut dans les plus petites choses se conduire à leur maniere. Quand la fortune est contraire, l'ami malheureux devient un sujet sur lequel l'amour propre & l'esprit dominateur s'empressent d'exercer leur empire.

Garantissez-moi de mes amis, écrivoit Gourville proscrit & fugitif, *je saurai bien me défendre de mes ennemis*.

La bienfaisance n'est souvent qu'une envie cachée de domination.

Le testament de la plupart des hommes est la révélation de leur indifférence, de leur ingratitude & de leur orgueil.

On n'aime souvent les gens, qu'autant qu'on les oblige, & leur bien être est indifférent, du moment qu'il émane d'un autre.

On veut rendre les gens heureux, mais on ne veut pas qu'ils le deviennent.

On n'aime quelquefois dans ses amis que des témoins vivans des charmes, des succès & des agrémens de sa jeunesse.

On a toujours dit qu'il falloit de l'égalité dans l'union de l'amitié. La réflexion & les exemples prouvent qu'il y a des exceptions à cette maxime antique.

Entre un ami riche & puissant & un ami sans fortune, il y a un accord parfait. Le premier trouve un sujet pour exercer sa bienfaisance & sa domination ; le second, un objet de culte en quelque sorte, une association à tous les avantages de son ami, à sa gloire, à son crédit, à ses succès de tous les genres ; ils lui deviennent propres. L'amitié l'a élevé au rang de son ami ; nul n'est plus intéressé à son soutien. C'est l'intérêt qui resserre ces liens, dira-t-on ; j'en conviens, s'il n'y a pas de goût & d'inclination ; mais si le penchant existe, il sera plus durable, plus solide, plus vif entre deux amis distans par la fortune. L'amour-propre sera perpétuellement animé chez l'un par le plaisir de la création ; chez l'autre, par toutes les jouissances auxquelles il se trouve associé, par les égards qu'il recevra des autres en raison de l'affection de son ami.

L'homme a plus qu'on ne croit besoin d'admirer, & il se livre volontiers à ce sentiment, lorsqu'il n'y a pas de rivalité.

Si l'égalité étoit essentiellement nécessaire pour l'amitié, ce sentiment n'existeroit jamais entre un maître & son esclave ou son domestique. Qu'importe le nom ? Que ce soit celui d'attachement ou tout autre, n'est-ce pas toujours une affection, un sentiment qui rend précieux un être à un autre ?

Quand on suppose l'égalité nécessaire, il faut donc admettre comme essentielles les égalités de tout genre, celle de fortune, d'esprit, de rang; & la plus grande des inégalités dans le commerce intime, est celle des esprits, car elle peut se faire sentir à chaque instant.

L'amitié est plus rare en raison de l'élévation & de la fortune, parce que l'intérêt fait qu'il y a plus d'hypocrites de sentiment. Il y a plus de fausses amitiés; mais la véritable n'en existe pas moins dans des situations très-distantes.

Il existe un intérêt raisonné & un intérêt d'instinct, & tous les hommes sont soumis à ce dernier intérêt, suivent machinalement en quelque sorte ce qui flatte leur amour-propre & leur présente des avantages. Ils se méprennent, mais de bonne foi, en croyant chérir la personne, tandis qu'ils aiment en grande partie l'éclat qui l'environne, le pouvoir qu'elle possède. Mais on aime aussi la personne, parce qu'on prise la manière dont elle jouit de cet éclat, dont elle use de ce pouvoir. Les honnêtes gens sont ceux qui commencent par être la dupe de leur sentiment; les fripons, ceux qui sont guidés par un intérêt raisonné.

Si l'amitié existe, ce ne peut être qu'entre des gens vertueux : il faut pouvoir se tout dire; Et comment ne se rien cacher, quand on a des choses honteuses à révéler ?

Lorsqu'un de nos amis est malade, nous lui rendons des soins assidus, nous sommes agités d'inquiétudes; mais s'il a une incommodité douloureuse & passagère, on s'en occupe peu, parce qu'on ne craint point de le perdre. C'est une preuve à ajouter à toutes celles qui manifestent qu'on n'aime que pour soi, qu'on n'aime que soi & son avantage dans les autres.

Chrisis parle de sa fortune : je dois tout à Dorcas, dit-il ; & il s'empresse de déférer à ses moindres volontés. C'est le moins que je puisse faire, ajoute-t-il, pour reconnoître ses bienfaits. La reconnoissance de Chrisis est citée comme un rare modèle ; mais il ne vous dit pas que sa fortune est l'ouvrage d'un ami obscur. Il aime mieux la devoir à Dorcas, qui est un grand Seigneur, & qui peut encore obliger un homme si reconnoissant.

Le penchant à l'admiration, & l'impulsion qui entraîne les hommes vers les gens puissans, se manifestent par l'attachement extrême des Peuples excité par la plus légere bonté. Les cœurs se remplissent aussitôt des sentimens les plus vifs pour leurs personnes : l'amour propre flatté de leur attention, produit l'attachement & l'enthousiasme.

Il faut pour s'aimer, se ressembler & différer : l'attrait invincible des sexes est fondé sur ce rapport. Dans l'amitié, la conformité des goûts & la différence des caractères sont également nécessaires. Toute union dans le moral, comme dans le physique, toute perfection dans un individu paroît devoir être le résultat de qualités opposées. La bonté n'est rien, si elle n'est unie à la force.

L'amour-propre entre dans la composition de tous nos sentimens. Il est comme le feu qui vit par-tout, même dans les substances les plus froides. On ne peut se dissimuler qu'il cherche dans l'amitié à être flatté. Quelle amitié survivroit à la certitude d'une moindre opinion de notre mérite? mais si l'amour-propre est offusqué par une comparaison qui lui est désavantageuse, il doit être humilié, s'il n'a pas à s'applaudir de son choix. Cette nécessité d'être flatté dans son ami & par son ami, semble présenter des contradictions: elles ne sont qu'apparentes. C'est dans des qualités différentes qu'il faut que se trouve une certaine supériorité nécessaire pour fournir une raison particulière d'estime sans rivalité.

Une amitié parfaite peut résulter d'une liaison entre deux personnes distinguées dans des genres différens. L'amitié par cette raison, n'est jamais plus douce, plus sensible, plus durable qu'entre un homme & une femme. C'est dans une pareille liaison qu'on peut louer avec plaisir, admirer sans effort; l'esprit, le caractère se renforcent, s'adouciſſent mutuellement. La ſenſibilité vient ranimer ce que la réflexion deſſeche. L'habitude de la déférence d'un côté, de l'autre une certaine réſerve, mettent des bornes à la familiarité, préviennent la langueur qui naît d'un entier abandon, entretiennent le deſir de plaire & d'intéreſſer.

On peut écrire pour & contre l'amitié; attaquer ou défendre ſon exiſtence avec plus ou moins d'éloquence; mais enfin il y a un point de vérité à ſaiſir, & peut-être n'a-t-on pas encore enviſagé la queſtion ſous ſon véritable aſpect.

L'amitié eſt le réſultat des diſpoſitions d'un cœur ſenſible & d'une ame généreuſe.

La véritable amitié eſt l'amour du beau moral; c'eſt un attachement aux perfections de l'ame; mais comme avant d'aimer ce qui eſt beau, il faut être capable de le ſentir combien peu de gens ſont ſuſceptibles d'amitié? Dans un Gouvernement, où tous les hommes ſont imitateurs & ſuivent la même pente, il eſt difficile qu'il y ait un développement ſenſible de vertus & de rares qualités;

c'eſt le plaiſir que nous avons pour objet dans l'amour, c'eſt la vertu que nous aimons dans l'amitié.

Il faut pour s'aimer, ſe plaire mutuellement & avoir un objet commun d'intérêt ſans rivalité.

L'homme eſt capable d'aimer certaines choſes plus que ſa vie. Les Républicains aimoient mieux la choſe publique que la gloire, que les richeſſes, que leur vie. On a vu des Monarques inſpirer un grand enthouſiaſme pour leur perſonne; & l'on ſait qu'à la mort de l'Empereur Othon, pluſieurs citoyens ſe tuerent par déſeſpoir de ſa perte.

Dans les temps de trouble & de factions on trouve mille exemples d'amitiés courageuſes & durables, parce qu'un même intérêt anime les amis & confond en quelque ſorte leurs perſonnes avec l'objet qui enflamme les imaginations.

On doit conclure de ces courtes réflexions que l'influence du Gouvernement eſt extrême ſur nos ſentimens & nos affections. Les inſtitutions qui apprennent à sacrifier son intérêt, à préférer à tout des objets qui n'agissent que sur les esprits, préparent les ames sensibles à aimer ; & comme dans un tel Gouvernement les mœurs sont pures, & que les sens ne sont pas à chaque instant rassasiés & bientôt éteints, l'ame y conserve toute sa force.

Mais dans un siècle où l'intérêt personnel domine, où les jouissances physiques sont l'objet général des desirs, il y a peu ou point de véritables amitiés, comme il est rare qu'il y ait du véritable amour, du patriotisme, enfin qu'il règne dans les ames un sentiment profond & durable.

Tout ce que j'ai dit contre l'amitié s'applique aux sentimens vains, légers & faux des tems modernes & du monde où je vis. Mais l'homme est-il capable d'une véritable amitié ? C'est ce qu'on ne peut nier, & ce qu'une connoissance approfondie du cœur de l'homme & de l'influence des Gouvernemens démontre invinciblement.

Des femmes & de la galanterie.

L'organisation de la femme la dispose à être plus sensible ; les fonctions auxquelles l'a destinée la nature, la rendent plus susceptible d'émotions ; moins forte que l'homme, elle a moins besoin que lui d'exercice & de mouvement, elle est par cette raison plus sédentaire & plus patiente. La finesse de son esprit la porte aux détails, de-là vient qu'elle est propre aux soins domestiques. Sa foiblesse la rend défiante, & cette défiance jointe à la subtilité de son observation, lui fait appercevoir des nuances qui échappent aux hommes, & lire en quelque sorte dans l'avenir.

La femme dans l'état de société, se corrompt & s'altère plus que l'homme, & en voici la raison ; la société l'attire sans cesse au dehors, tandis que ses vertus sont privées & domestiques ; la société relâche les seuls nœuds pour lesquels elle existe, le mariage & la maternité.

Dans les siècles corrompus & dans les Capitales, les femmes ne présentent à l'esprit d'autre idée que celle de l'intrigue & de la galanterie.

Celui qui a été aimé d'une femme sensible, douce, spirituelle, & douée de sens actifs, a goûté ce que la vie peut offrir de plus délicieux.

La femme est bien moins personnelle que l'homme, elle parle moins d'elle que de son amant ; l'homme parle plus de lui que de son amour, & plus de son amour que de sa maîtresse.

Quel plus grand bonheur l'imagination pourroit-elle offrir à l'homme que la société d'un être, dont l'ambition est de lui plaire, la gloire de se défendre, le bonheur de céder, qui prétend à son estime par ses combats, & à son cœur par sa défaite ?

La femme chez les Sauvages est une bête de somme ; dans l'Orient, un meuble, & chez les Européens, un enfant gâté.

La vanité a fait plus succomber de femmes que le goût, le penchant & les sens. Dans un commerce où les avantages personnels de vroient feuls déterminer, c'est le rang, ce font les dignités, les grandeurs qui font pencher la balance. En général, on peut espérer d'avoir du succès auprès des femmes en descendant un degré : le Prince, auprès des femmes de qualité ; le grand Seigneur, auprès des femmes de Robe ou de Finance. Celles qui ont de la sensibilité, ou des sens, ne sont pas séduites par ces avantages, mais elles forment le plus petit nombre.

Il est des femmes célèbres par leur galanterie, qui n'ont jamais eu pour amant leur égal. Envain l'esprit, la figure, les graces se trouveroient unis dans un homme de leur ordre qui aspire à leur plaire : il faut être élevé en dignité, avoir des cordons, des titres, tout l'éclat nécessaire pour les perdre promptement de réputation. Un mari disoit à sa femme : je vous permets tout, hors les Princes & les laquais. Il étoit dans le vrai : les deux extrêmes déshonorent par le scandale.

Les gens qui occupent de grandes places, ceux qui représentent dans les Provinces, trouvent beaucoup de femmes qui leur cédent. La vanité se mêle dans tout (1), même dans le plaisir, même dans le plus vif des plaisirs : combien les sens des femmes sont redevables à la vanité ! (2)

On pourroit ainsi, je crois, apprécier les femmes galantes. Sur un nombre de cent, il en est quatre-vingt dix, que l'éclat, le bon air, la mode, l'intérêt, l'oisiveté, le besoin d'occupation déterminent; il en est six que la sensibilité entraine, & quatre qui sont dominés par des sens impérieux.

Louez, admirez, soyez étonné, en extase, ne craignez pas d'outrer les flatteries, l'enthou-

―――――――――――――――――――――

(1) Madame de Sevigné, en parlant à sa fille d'une maladie de son fils, qui étoit le produit d'un commerce intime avec une Dame qu'il avoit vue *assise* chez la Reine, s'exprime ainsi : « mais il prend patience, ce qui est
» plaisant, c'est que le *Dais* lui ôte la honte qu'il
» trouveroit insoutenable, si ce malheur lui étoit arrivé
» sur le rempart ».

(2) Une grande Dame, avoit à soixante ans, pour amant, un jeune homme d'un état obscur. Elle disoit à une de ses amies: *Une Duchesse n'a jamais que trente ans pour un Bourgeois*, & elle avoit raison.

fafme auprès des femmes; faites croire, si vous pouvez, à celle que vous voulez séduire, qu'elle est une substance particulière plus près de l'ange que de la femme. Vous serez cru, vous ne serez pas au-dessus des illusions de son amour-propre, & l'on ne refusera rien à un homme doué d'un discernement aussi exquis.

Combien la femme qu'on croyoit la plus réservée, fait quelquefois d'étranges révélations à son amant, lorsqu'elle s'est abandonnée! Combien de fois elle a été au moment de succomber! Que d'entreprises qui l'ont profanée! Que de savoir elle a sur les plus secrets mistères de l'amour! L'amour est l'unique occupation, le premier intérêt des femmes: Rien n'échappe à leur active & pénétrante curiosité.

Il semble qu'il soit permis de traiter les femmes plus légérement, en raison de leur élévation. La femme de la Ville attache plus de prix aux égards, parce qu'elle y a moins de droit par son état. Le rang d'une grande Dame est trop décidé, pour qu'elle ait aucune inquiétude sur ce qu'on lui doit. Elle trouve du plaisir à voir oublier ce qu'elle est, & c'est une preuve de plus pour elle de l'excès de la passion & de l'ardeur des desirs.

Il est un degré de déréglement & de scéleratesse en galanterie, qui ne peut se rencontrer que dans une femme d'un rang élevé. Elle sait que l'audace étonne, & qu'il n'est rien que ne puisse hazarder une femme qui réunit un esprit supérieur à une grande naissance. Mais malheur à la femme de la Ville, qui voudroit aller sur ses traces; elle tomberoit dans la fange du mépris public.

Les hommes violens subjuguent les femmes dès qu'ils ont obtenu leurs faveurs. Elles aiment la domination, parce qu'elles ont de l'amour-propre, & ce même amour-propre joint à la timidité de leur sexe, leur fait trouver un certain plaisir dans la crainte qui leur donne des émotions nouvelles, parce qu'elles attribuent l'emportement à l'excès de la passion. Elles reviennent ainsi à la nature qui a soumis la femme à l'homme.

Le plus sûr moyen d'être aimé d'une femme, est de ne pas lui montrer tout son amour. Il faut lui laisser à craindre & à desirer, lui présenter

senter une rivalité qui excite son amour propre, & lui faire espérer un triomphe.

L'ami le plus intime d'une femme n'est pas aimé aussi vivement que le confident de son amour.

Un quart-d'heure d'un commerce intime entre deux personnes d'un sexe différent & qui ont, je ne dis pas de l'amour, mais du goût l'une pour l'autre, établit une confiance, un abandon, un tendre intérêt que la plus vive amitié ne fait pas éprouver après dix ans de durée.

Dans la plupart des commerces décorés du nom d'amour, l'homme est en général plus vrai que la femme, parce qu'il a toujours au moins des desirs. Souvent la femme cède sans sentiment & sans desirs.

L'amour-propre domine en général dans le sentiment des femmes, & les sens dans l'attachement des hommes.

On débite beaucoup d'histoires fausses sur les femmes; mais elles ne sont qu'une foible compensation des véritables qu'on ignore.

Quelle est la femme qui peut se vanter de résister à l'émotion de ses sens & aux instances d'un homme qui lui plaît, réunies à l'occasion ? La plus vertueuse est celle à qui pour cesser de l'être, une de ces circonstances a manqué.

La femme la plus vertueuse est disposée favorablement pour ceux qui sont sensibles à sa beauté, la plus dévote pour ceux qu'elle induit en tentation (1).

Un défaut secret est un bien sûr garant de la vertu.

Le dernier dégré de l'amour est d'aimer les défauts de sa maîtresse.

---

(1) Brantôme rapporte qu'une belle & honnête Dame se faisant un jour tirer sa chausse à son valet de chambre, elle lui demanda s'il n'entroit pas pour cela en tentation. Le valet de chambre pensant bien dire, pour le respect qu'il lui portoit, répondit que non : elle soudain haussant la main, lui donna un soufflet : *allez, dit-elle, je vous donne votre congé, vous n'êtes qu'un sot.*

Il n'est pas rare de voir des femmes qui n'accordent point la derniere faveur, celle dont l'amour est l'excuse, celle dont un bonheur mutuel fait le prix, mais qui, sans s'abandonner entièrement, composent en quelque sorte avec les desirs des hommes : elles font pis que si elles avoient fait plus, & croyent n'avoir donné aucun droit sur elles.

Le rang, la naissance d'une femme, ses entours dans le monde, sa magnificence, produisent sur la plupart des hommes un plus grand effet que la beauté ; ils prennent les fumées de la vanité pour les feux de l'amour (1).

L'intérêt renferme un poison si actif, si subtil, que dès qu'il vient se joindre à un senti-

___

(1) Aussi quand l'on songe que l'on brave, foule, presse, gourmande, abat & porte par terre les draps d'or, les toiles d'argent, les clinquants, les étoffes de soie, avec les perles & pierreries, l'ardeur & le contentement s'en augmentent bien davantage, & certes plus qu'en une Bergère ou autre femme de pareille qualité, quelque belle qu'elle soit. *Brantôme*, Vol. II.

ment, il le corrompt & finit par l'éteindre.

Il n'est point de sentiment si vif, que l'éclat de la gloire, les succès, la célébrité n'en puissent augmenter l'ardeur.

Il est des femmes chez lesquelles règne une nonchalance extrême & une bonté d'ame incompatible avec des rigueurs constantes. Elles n'ont pas la force de résister & le courage de refuser. On ne peut pas dire qu'elles se donnent, elles se laissent aller.

Pour séparer deux métaux, il faut l'intervention d'un autre métal qui ait plus d'affinité avec l'un des deux. Il en est de même en amour. Il n'y a de rupture complette en général, que lorsqu'un autre objet a fait impression sur l'amant ou sur la maîtresse.

Celui qui se désespère de l'idée d'être quitté de sa maîtresse, n'auroit pas besoin souvent d'un grand courage pour la quitter.

Les gens de Province & ceux qui ne connoissent pas le monde, croyent toutes les femmes galantes déterminées par leurs sens; & tous les gens en place, accessibles à la corruption de l'argent.

La femme la plus intéressée au secret, ne met aucune importance à toutes les indiscrétions qu'on fait par un excès de passion.

Ce qui choque le plus les femmes dans les témérités des hommes, c'est l'idée que leurs entreprises sont déterminées par l'opinion de leur facilité. Mais si la passion peut en être l'excuse, il n'est point de hardiesse qu'une femme ne pardonne en secret.

Les femmes galantes sont habituées à défendre pied à pied leur terrein; elles savent le prix de chaque faveur, & peuvent s'arrêter. Une honnête femme est sans calcul, & se croit vaincue au plus petit avantage qu'on a remporté sur elle.

La femme galante par coquetterie est habituée à réprimer les plus légers accès de sensibilité. Elle est envieuse, fausse & dissimulée par l'habitude nécessaire de la tromperie. Dans un commerce où l'amour-propre seul est en jeu, son explosion doit produire des tempêtes; & rien ne peut arrêter une femme qui ne desire que des succès aux dépens de tout ce qui l'environne.

L'acteur sur le théâtre présente une idée d'avilissement & de dégradation, quand on songe qu'un homme cesse d'être lui, qu'il prend des formes qui lui sont étrangères, se pénètre de sentimens qu'il n'éprouve pas, & devient en quelque sorte une machine pour l'amusement des autres. La femme coquette a, comme l'Acteur, l'habitude de se dépouiller de son caractère, pour en prendre un conforme au rôle du moment. Elle sait imiter l'accent de la passion, jouer les fureurs de l'amour & ses extases, elle sourit sans contentement, elle pleure sans attendrissement: il n'est pas un muscle de son visage, dont elle ne connoisse l'effet & ne dirige le jeu. Vicieuse sans excuse, c'est la vanité seule qui jouit des déréglémens auxquelles elle s'abandonne; & comme cette jouissance n'a rien de réel, il n'est point de terme où la coquette qui n'est jamais satisfaite, puisse s'arrêter.

Il y a des femmes qui sont belles sans célébrité, & d'autres qui ont l'état de jolies femmes sans aucun titre pour y prétendre. Tout dépend du début & du rôle qu'on a pris en entrant dans le monde.

Ismène est d'une beauté éclatante; sa taille est noble, la candeur est peinte sur sa physionomie, la simplicité & la grace règnent dans toute sa personne & dans ses manières. La naissance d'Ismène, ses richesses jointes à tant d'avantages, semblent devoir fixer tous les regards sur elle. Personne ne cite la beauté d'Ismène, ne vante ses charmes: vous la trouvez dans un cercle, & vous êtes surpris qu'elle soit ignorée; vous la comparez à celles dont on parle. Combien, dites-vous, de femmes citées, célébrées lui sont inférieures! elle aime son mari, elle est attachée à ses devoirs; elle se livre aux amusemens de son sexe & de son âge, mais sans emportement. Ismène fuit les modes sans les outrer. Elle n'a point d'amans, d'adorateurs, parce que l'espoir manqueroit aux plus entreprenans. Ismène n'a point mis enfin l'enseigne de la beauté, & la beauté même ne peut avoir de succès sans être annoncée, sans charlatanherie, sans prétention.

Glycere est l'objet des empressemens de la plus brillante jeunesse. Parle-t-on d'une jolie femme ? C'est elle qu'on met en avant. Un souper est-il annoncé ? on prévient qu'elle en sera. Un jeune homme débute-t-il dans le monde avec des grands avantages ? C'est vers Glycere qu'il dirige en secret ses vœux. Est-il question d'un bal, d'une chasse brillante, d'un déjeûner, d'un thé ? Glycere est invitée huit jours à l'avance. Que dis-je ? Ces différentes parties ne sont arrangées que pour elle. Qu'elle est cette femme que vous voyez à Vincennes, à cheval, entourée d'Anglois ou de François courbés à l'Angloise sur leurs chevaux, & d'une multitude de Jocquets ? C'est Glycère. Quelle est celle que vous voyez aux champs élisées dans une voiture si élégante, que l'élite de la jeunesse accompagne, dont chacun s'empresse & s'honore d'être apperçu ? C'est encore Glycère. Quelle est cette femme que les artistes ont à l'envi multipliée, dont on voit au sallon le portrait, le buste, le médaillon ? C'est toujours Glycère. Des vers charmans sont adressés à une femme : c'est à Glycère que l'auteur rend hommage. Vous n'avez pas vu cette femme si célèbre, vous croyez que ses charmes surpassent ceux de toutes les femmes que vous connoissez. Vous la rencontrez enfin; elle n'est point belle, on peut lui contester d'être jolie. Sa taille élevée n'a rien de remarquable, elle a même des défauts; son esprit est médiocre. Glycere a voulu être belle, jolie, citée, célébrée; sa parure est élégante, recherchée, elle entretient les espérances, fait des agaceries, attise les desirs. Glycère s'est fait jolie femme, il y a quinze ans, sans beauté, comme on se constitue homme d'esprit sans esprit, avec un peu d'art & beaucoup de hardiesse.

La femme qui est dominée par la tendresse de son cœur, ou par l'ardeur de ses sens, cède à l'impulsion de la nature. Elle a une marche, un but. La franchise peut régner dans son ame : ses sentimens sont vrais. Elle éprouve des besoins impérieux, & dès qu'ils sont satisfaits, elle jouit d'un bonheur réel qui la remplit toute entière. Uniquement occupée de son objet, elle peut connoître les inquiétudes de la jalousie, mais non les tourmens de l'envie; une telle femme peut être bonne, facile, indulgente, & son cœur sensible peut allier l'amour & l'amitié.

Croyez tout, & ne croyez rien sur la vertu des femme. Si l'on vous dit que cette Doris si vive, si sémillante, qui a des airs si évaporés, n'a jamais eu d'amans: n'en soyez pas surpris, mille exemples le confirmeroient. On vous assure que Bélise, dont le maintien est si décent, qui n'a jamais fait parler d'elle, est solidement galante; qu'un homme obscur.... Ne vous hâtez pas de crier à la calomnie.

Herminie est dans tous lieux entourée d'adorateurs; chacun s'empresse à l'emporter sur ses rivaux; elle prodigue les agaceries, pour retenir les uns, encourager les autres. Un amant bien traité en apparence, se trouve bientôt n'être pas plus favorisé qu'un autre qui se désespere. Herminie n'aime rien, dit-on; c'est une coquette, à qui son ame & ses sens ne font éprouver aucun besoin. Vous vous trompez, adorateurs d'Herminie: elle aime. Hé qui, me dites-vous? est-ce le jeune Théodore, dont la figure, la taille, la jeunesse, semblent présager les succès? Est-ce Alcidon si fêté, si célèbre par mille aventures d'éclat? Est-ce Mirame à qui l'esprit tient lieu de figure, de naissance, dont le commerce honore une femme & semble la mettre au rang des Aspasies ? Est-ce..... Arrêtez ; ce ne sont point tous ceux que vous me citez, que vous me citerez.... C'est un homme sans esprit, sans figure, qui n'est plus jeune, mais dont la santé est florissante. C'est pour lui qu'elle ne soupe que rarement en ville, qu'elle se retire de bonne heure ; c'est avec lui qu'elle se moque des poursuites, des espérances de ses rivaux. C'est.... Achevez, me dites-vous.... C'est son mari.

Deux rôles sont difficiles à Paris, celui de mari & celui de vieillard ; ce n'est pas une petite affaire que de sçavoir n'être ni ridicule par la jalousie, ni méprisable par le scandale de sa femme, ni sa dupe, ni son tyran ; il n'est pas facile non plus de sçavoir renoncer au plaisir, de prendre au tems convenable le langage, la conduite, les manieres conformes à son âge ; de n'être ni chagrin contre la jeunesse, ni ridicule en suivant ses goûts. Les gens d'un âge avancé qui se livrent à la société & aux plaisirs des jeunes gens, finissent par jouer le rôle de Professeur de vice.

Ariston est un homme sensé, il est connu pour sage & prudent, & je suis embarrassé d'expliquer plusieurs de ses actions qui contrarient l'opinion qu'on a de lui. Il avoit une terre superbe dans un beau pays, il vient de la vendre à bas prix, pour en acheter une autre fort cher dans un pays aride; il avoit une maison très-belle, il l'a quittée, pour en louer une inférieure dans un quartier éloigné. Ariston dînoit, c'étoit sa coûtume depuis vingt ans; il ne fait que souper depuis deux ans, & depuis quinze jours, j'apprends qu'il s'est remis à dîner; il aimoit la Campagne, & il ne bouge plus de la Ville. Quel est le principe de tant de variations contraires à son caractère? C'est qu'Ariston dîne, soupe, suivant ce qui convient à l'amant de sa femme: Il habite son quartier, transplante son établissement auprès de sa terre, change de société, d'amis, de goûts, quand sa femme change d'amant.

Dorante est jaloux; il épie sa femme. Il la trouve en tête-à-tête avec un homme, dont les empressemens lui sont suspects. Il demande à son Suisse si sa femme a fermé sa porte. On lui montre une liste de dix personnes qui peuvent entrer. Comment Dorante ne seroit-il pas rassuré? Mais on ne lui dit pas que de ces dix personnes, les unes sont à Versailles, d'autres à la campagne, d'autres malades, ou sont venues la veille & ne reviendront pas. C'est une vieille ruse de guerre qui réussit toujours.

Une femme vive & passionnée dans l'amitié, présente au public l'apparence d'une femme galante, & souvent n'a jamais connu l'amour.

La bonté du cœur, la médiocrité de l'esprit & de la figure, peuvent faire échapper une femme galante à la médisance publique & à la calomnie, la conduire à travers les plaisirs à une vieillesse considérée.

Mélite a dans sa jeunesse entendu parler d'amour ; la curiosité l'a portée de bonne heure à éprouver par elle-même le charme de ce sentiment, & son indolence l'a fait céder promptement aux premieres avances qu'on lui a faites. Abandonnée, elle ne s'est point livrée aux emportemens, à la fureur ; elle a pris un autre amant comme on prend une autre robe. L'habitude d'être occupée par la galanterie lui en fait prendre un troisiéme, un vingtiéme : elle a fini par ne plus compter. La jalousie n'a jamais fait commettre d'imprudence à une femme si douce, si paisible. On n'a jamais montré ses lettres, parce qu'elle écrit mal & qu'une correspondance coutoit à sa paresse. Elle n'a pas fait languir ses amans, ce qui est le plus sûr moyen d'arriver à son but, sans se compromettre. Les ruptures n'ont point fait d'éclat, & trente amans qui l'ont quittée se souviennent d'elle avec plaisir: ils lui sont restés attachés & forment un cercle d'amis. On n'a été ni tenté de se vanter de sa possession, ni animé à la décrier par le ressentiment de ses procédés. Chacun connoît la douce facilité de ses mœurs. Mélite n'a jamais fait l'objet de l'entretien du public, qui n'est éveillé que par des aventures d'éclat. Les amans se sont succédés si rapidement, que son mari n'a pas eu le tems d'asseoir des soupçons : il croit sa vertu sans tache. Mélite a passé ainsi doucement six lustres dans les plaisirs de l'amour, sans altérer sa réputation, & la mere la plus scrupuleuse laisse sa fille en société avec elle.

Les hommes souvent sont en proie aux déréglemens jusques dans leur caducité; l'âge met un terme à ceux de la femme, parce qu'elle ne sépare jamais l'idée de la volupté du plaisir plus grand de plaire.

Elvire a cinquante ans bien sonnés. Sa vie a été une chaîne d'aventures amoureuses; mais depuis quelques années elle est délaissée: l'ennui l'accable. Elle se contente de dire que les hommes ne sont plus polis. Quel amant prendra Elvire ? se mettra-t-elle à l'éducation & se plaira-t-elle à former un jeune homme, honoré d'être distingué par elle ? le retiendra-t-elle par des présens ? non, Elvire s'attache un homme de soixante-quinze ans, qui a usé dans l'intrigue soixante ans de sa vie, qui n'a fait que prendre, quitter des femmes & en être quitté. Ils louent une petite maison, & là ce couple amoureux se rend avec deux flambeaux mystérieusement tous les soirs. Deux laquais portent la pesante Douairiere, deux *hussards* soutiennent l'Invalide galant. C'est ainsi qu'ils arrivent dans un boudoir délicieux. Quel plaisir attend Elvire ? le plus piquant pour elle, celui de rajeunir, d'être traitée par le vieillard comme une petite étourdie. Que vous êtes enfant, lui dit-il; finissez donc vos folies! elle redouble de petites manières enfantines. Elvire se ruine pour cet amant, & ne croit pas trop payer l'image des beaux jours de sa vie.

On a peine à concevoir qu'elles sont les qualités propres à faire jouer avec succès le rôle d'homme à bonnes fortunes. Il sembleroit d'abord que l'agrément de la figure, l'esprit & tous les avantages extérieurs doivent seuls obtenir des succès ; mais plusieurs se sont distingués dans cette pénible & brillante carrière, sans avoir rien de remarquable dans leur figure & dans l'esprit (1).

---

(1) Le Duc de Lauzun étoit petit & laid, & il n'est point d'homme plus célèbre dans ce genre, par le rang & la multitude de ses conquêtes. La Reine de Portugal & sa sœur Mademoiselle d'Aumale, également éprises du plus violent amour pour lui, avoient tiré au sort, à qui des deux l'épouseroit. Elles étoient convenues, que pour lui procurer une fortune considérable, celle qui auroit été maltraitée par le sort, se feroit Religieuse & donneroit tout son bien à l'autre. Il n'y a rien d'aussi flatteur peut-être dans les annales de la galanterie. Mademoiselle avoit voulu l'épouser publiquement, & cette passion par sa vivacité & ensuite par le refroidissement de son amant, a fait le malheur de sa vie. Le Duc de Lauzun avoit eu les faveurs de femmes qu'il avoit disputées au Roi. Mademoiselle convient qu'il écrivoit mal, & revient toujours à dire qu'il avoit des manières *extraordinaires*; il semble que ce soit là ce qui lui plaisoit le plus dans son amant.

Des

Des gens à bonnes fortunes.

Les gens à bonnes fortunes par métier, commencent à passer de mode : l'extrême liberté de la Société, qui fait disparoître les obstacles, diminue l'ardeur des desirs & le prix de la conquête. Cette liberté affoiblit l'envie de plaire & détruit la galanterie. Les jeunes gens qui entrent dans le monde séduits par la lecture des Romans, excités par le récit des avantures galantes de la génération précédente, s'empressent d'essayer leur mérite par quelques entreprises : La paresse bientôt les retient dans les mêmes chaînes, que l'habitude resserre. On voit beaucoup d'arrangemens auxquels il ne manque rien du mariage, pas même l'ennui d'une vie uniforme. Il y a moins de bals, de fêtes, de grandes occasions propres à réveiller la vanité & à lui offrir des triomphes. Le goût des plaisirs faciles contribue encore à enlever aux femmes une foule d'adorateurs.

Polydor est fameux par des aventures d'éclat, & dans quelques Sociétés, on le compare à Lovelace; car chaque quartier a son petit

Lovelace. Deux femmes ont été enfermées pour lui, elles expient dans un couvent le plaisir d'avoir été l'objet de ses empressemens. On est porté à se faire une idée brillante de ses agrémens & de sa figure : je le rencontre, & ce fameux vainqueur a la figure commune & la conversation la plus insipide. Quel est donc le principe de ses succès ? le voici : il s'est adressé par calcul, ou par hasard à deux mauvaises têtes, que le vent le plus léger devoit faire tourner : il a profité de leur étourderie, de leur désoeuvrement, & mille autres à sa place auroient eu ce triste & scandaleux avantage : Polydor est en galanterie, ce que seroit en bravoure un homme qui insulteroit des poltrons reconnus ; mais il a déshonoré deux femmes, & sa conquête tentera d'autres femmes séduites par l'éclat de ses succès.

La galanterie est à l'amour, ce que la politesse est aux vertus sociales. Elle est son imitation & son supplément.

Les femmes qui ont passé l'âge de plaire, ne savent comment remplir le vide qu'elles éprouvent. Leur imagination est obscurcie de vapeurs, qui naissent du désœuvrement de l'esprit & de la langueur de l'âme (1).

Des Romans.

Il n'est presque point de Romans qui n'aient plus ou moins nui aux mœurs, en raison des charmes du style, & des peintures séduisantes qu'ils renferment.

En admirant l'esprit & le style de quelques Auteurs de Romans, on ne peut s'empêcher de regretter l'emploi qu'ils ont fait de leurs talens. Quel art! quelle adresse pour séduire, Richardson ne prête-t-il pas à Lovelace! Quelle vivacité d'imagination il fait éclater! quelles ressources il développe! dans quel labyrinthe d'intrigues il engage son héros, & avec quelle habileté il l'en tire! Mais à quoi doit aboutir l'appareil de tant de forces réu-

_____

(1) On a remarqué qu'il périssoit à un certain âge, plus de femmes du grand monde que de l'ordre de la Bourgeoisie ou du Peuple. En voici sans doute la raison. C'est qu'à la révolution naturelle qu'éprouve le tempérament, se joint pour les premières le chagrin amer de n'être plus aimées & tout l'ennui d'une ame oisive.

P ij

nies ? est-ce à déterminer une guerre, à fixer le sort d'une Nation, à balancer les intérêts d'une partie du Monde ? Non. C'est à séduire une jeune fille & à l'amener par dégrés à céder à ses desirs, à des desirs qu'il sait maîtriser & subordonner à la fantaisie de l'amour-propre. C'est en vain qu'on prétend qu'un tel ouvrage, que les ouvrages de ce genre, quoique bien inférieurs en général à Clarisse pour le talent & l'imagination, ont un but moral. C'est en vain que les Auteurs ont l'attention de terminer le Roman par une catastrophe qui est la punition de la séduction & du crime. Les héros du vice sont présentés avec de si brillantes couleurs dans tout le cours de l'ouvrage, ils réunissent tant d'avantages, ils ont des succès si flatteurs, qu'ils intéressent vivement. Les Auteurs leur prêtent des plaisanteries sur la vertu qui la rendent ridicule; ils échauffent par leurs peintures l'imagination, enflamment les sens, & remplissent les personnes les plus vertueuses d'idées Romanesques, qu'elles cherchent à réaliser. Les jeunes gens épris des rares qualités de Lovelace & de ses pareils, sont plus séduits par l'éclat de ses succès, qu'ils ne sont effrayés à l'aspect de sa fin tragique. Les femmes se persuadent qu'elles feront un meilleur choix que Clarisse, elles se flattent de pouvoir s'arrêter au bord du précipice; enfin les femmes sont pour les héroïnes de Romans, comme beaucoup de gens pour les grands hommes qui ont eu des foiblesses, ou des vices. Ils croient s'en rapprocher, parce qu'ils leur ressemblent par le mauvais côté. En lisant la conjuration de Venise, on est, sans se l'avouer, disposé en quelque sorte à desirer que cette Ville superbe soit brûlée, que ses Citoyens soient égorgés, parce que l'on éprouve une sorte de regret à voir échouer des mesures si bien concertées, à voir sacrifier de si braves conjurateurs. Les plus grands scélérats en galanterie excitent de même un vif intérêt: on ne voit pas les malheurs de leurs victimes, comme on perd de vue l'horreur de l'incendie de Venise. L'éclat de l'entreprise, les difficultés de la conquête, l'habileté du Séducteur frappent seuls l'esprit du Lecteur. Quel but pour l'amour propre, que celui qu'il a plû d'appeller conquête en amour! une femme est sans prix, ou n'a pas plus de prix que mille autres. Il n'en est peut-être point d'invincible, lorsqu'un homme adroit, sans cesse occupé du même objet, secondé par l'occasion, l'entoure de piéges. Les sens & l'amour propre combattent pour lui, c'est assiéger une place trahie par le Gouverneur & les troupes. Est-ce la peine de s'abaisser à mentir, d'épuiser en tromperies son imagination, d'employer un temps précieux, pour obtenir après mille combats les faveurs d'une femme qu'on n'aime pas ?

L'imagination des femmes une fois exaltée par l'éclat d'une aventure, les entraîne vers un homme sans mérite. Ensuite, semblables au statuaire, elles encensent l'idole qu'elles ont créée.

DIALOGUE

ENTRE

Un Médecin & une Dame.

Le Médecin.

AUTANT que j'en puis juger aux manières de Madame, à ses habits & à son langage, elle est riche, d'un état distingué & a vécu dans le grand monde.

La Dame.

Oui, Monsieur.

Le Médecin.

Votre âge doit être de trente-huit ans environ ?

La Dame.

A peu-près.

Le Médecin.

Je ne m'explique pas précisément sur l'âge, parce que je ne me rappelle pas d'avoir vu dans ma vie, de femme qui eût quarante ans juste.

La Dame. (En riant.)

Passons. Je ne m'en éloigne pas.

Le Medecin.

Comme il est nécessaire que je sois parfaitement instruit de votre position, je dois savoir vos relations, afin de juger des objets qui influent sur vous. Vous êtes sans doute mariée ?

La Dame.

J'ai été mariée à seize ans.

Le Médecin.

Votre époux, Madame, excusez ma curiosité, vit-il avec vous dans une grande union ? êtes-vous maîtresse au logis, comme je l'imagine à vos yeux & à l'indépendance qui regne dans votre maintien ?

La Dame.

La paix a toujours régné dans mon intérieur, & mon mari a de la complaisance pour moi, comme j'en ai réciproquement pour lui.

Le Médecin.

J'entends, Madame, je sais ce que c'est que la complaisance d'un mari de Paris. C'est son asservissement, & souvent sa nullité.

La Dame.

Vous outrez les choses, Monsieur.

Le Médecin.

Avez-vous des enfans, quel est leur âge ?

La Dame.

J'ai une fille de quinze ans & un garçon de quatorze.

Le Médecin.

J'imagine que la fille est au couvent, le garçon au college & que vous les voyez peu, Madame, dissipée comme vous l'êtes par les plaisirs & les devoirs de la société.

La Dame.

Je les aime beaucoup, mais il est vrai que je ne les fais pas souvent venir chez moi, de crainte de nuire à leurs occupations.

Le Médecin.

A présent, Madame, je suis prêt à écouter l'exposé de vos maux.

La Dame.

Monsieur saura que j'ai toujours eu les nerfs délicats & susceptibles des plus vifs ébranlemens. Depuis deux ou trois ans cette irritabilité augmente, & je suis accablée de vapeurs. Souvent je pleure sans sujet, & je me sens des suffocations intérieures. Je dors mal, mes digestions sont mauvaises...

Le Médecin.

Madame, dans un tel état, doit éprouver une sorte de vide, un ennui qui lui rend insipides les choses qui lui plaisoient le plus.

La Dame.

Justement, Monsieur.

Le Médecin.

La société ne doit plus avoir pour Madame le même agrément ? les vapeurs ternissent tous les objets.

La Dame.

Vapeurs à part, Monsieur, il ne regne plus dans la société ce ton animé & décent, cette galanterie que j'ai vue, sans être bien vieille, autrefois dans les hommes. Il semble que les mœurs aient changé du tout au tout, & rien n'est plus rare à présent que la politesse, même parmi les gens de l'état le plus distingué.

Le Médecin.

Vous me surprendriez, Madame, si je n'étois pas accoutumé à la diversité des opinions, & à en chercher la cause. J'ai vu ces jours passés une jeune Dame qui venoit de Paris, & qui m'a vanté les charmes de la société, l'excellence du ton qui y regne, l'esprit, les manières & la politesse des hommes.

La Dame

C'est quelque jeune étourdie qui n'a pas encore eu le temps de former son jugement, & qui, faute d'expérience, est enchantée de tout ce qu'elle voit.

Le Médecin.

J'imagine, Madame, qu'on vous a conseillé les eaux.

La Dame.

Oui : j'en ai pris pendant deux saisons sans succès, & je me suis déterminée à voyager pour me dissiper.

Le Médecin.

Il est une question nécessaire, bien importante que je suis embarrassé de faire à Madame, elle excusera ma liberté..... Madame a sans doute le cœur sensible ?

La Dame.

Je vous entends, Monsieur le Docteur..... vous me voyez familiere avec Monsieur, & vous croyez.....

Le Médecin.

Non, Madame, Monsieur est votre ami, & voilà tout, j'ai vu cela au premier coup d'œil... vous avez sans doute eu des attachemens d'un autre genre ? je ne prétends point jetter de nuages sur la vertu de Madame ; mais on n'est pas toujours Maître de son cœur.

La Dame, En riant.

Hé bien ! Monsieur le Docteur, je m'en rapporte à vous : puisque vous êtes si pénétrant, concluez d'après vos notions.

Le Médecin.

Je remarque que le visage de Madame s'est éclairci depuis un instant, que son teint s'est animé.

La Dame, avec un air modeste.

Vos questions peuvent bien produire de la surprise & de l'émotion. Mais enfin que pensez-vous de mon état ?

Le Médecin.

Je pense, Madame, que je connois parfaitement votre maladie.

La Dame, vivement,

A-t-elle un nom, cette maladie?

Le Médecin.

Oui, Madame, pour moi; je lui en ai donné un: c'est la maladie de quarante ans, parce que c'est à cet âge en général qu'elle se manifeste avec les mêmes symptômes, à peu de différence près. Elle attaque les femmes riches, celles qui ont vécu dans le grand monde, & sur-tout les femmes belles, jolies, agréables. Vous savez qu'il y a des maladies affectées à tous les états, celle des peintres, des potiers d'étain, des....

La Dame.

Mais la guérissez-vous, cette maladie?

Le Médecin.

C'est beaucoup d'en connoître la cause & les symptômes, quand cela ne serviroit qu'à empêcher de prendre des remedes. Je suis à-peu-près sûr de guérir Madame, pourvû qu'elle se serve de sa raison que je dirigerai, & qu'elle ait un peu de patience. L'état d'incertitude est de tous le plus cruel ; on est dans cette situation sans cesse aux prises avec l'espérance & la crainte. Détourner les yeux du passé, considérer les ressources de l'avenir, substituer des goûts durables & faciles à satisfaire, à des passions qui troublent & dont l'objet échappe, se rassembler en soi-même, & moins dépendre des objets extérieurs, s'attacher davantage à connoître qu'à sentir, distinguer ce qu'il entre de vanité dans ce que nous appellons nos sentimens, pour diminuer de leur prix à nos yeux; considérer que nos attachemens ne sont au fond qu'un emploi du temps, que toute autre occupation peut remplacer; voir enfin dans la considération, le dédommagement de succès passagers & frivoles. Voilà en général, Madame, les moyens de guérison que je puis vous offrir. Je suis attendu en ce moment par une Dame qui a été quittée par son amant, & qui est dans un état de convulsion effrayant. A notre première conférence, je ferai l'application des remèdes généraux que je vous indique, à votre état & à votre constitution.

Il est un dégré d'amour qui inspire une aveugle confiance en l'objet aimé, incompatible avec la jalousie.

La raison ne peut rien contre le sentiment. Delà vient que les lieux communs de l'amour répétés depuis deux mille ans, les protestations, les sermens, produisent toujours leur effet. Une femme amoureuse tremblera toujours que son amant ne se perce à ses yeux dans un moment de désespoir.

On aime de toute sa force dans sa jeunesse, & de toute sa foiblesse dans un âge avancé.

Un homme véritablement amoureux est moins entreprenant, que celui qui ne cherche qu'à satisfaire ses desirs ou sa vanité. Les raisons n'en sont pas difficiles à trouver. Il ne faut que connoître la nature & le siège du sentiment qui les anime. L'amour règne sur l'âme, le coeur & les sens; c'est la domination d'un objet sur toutes nos facultés; l'amour consiste dans une préférence exclusive, arrachée plutôt que donnée. Celui qui est véritablement épris, ne fait pas ce qui lui plait le le plus dans la personne qu'il aime: il ne distingue rien, il ne sépare rien dans son affection. On aime avant de le savoir, avant de s'en rendre compte; c'est par le trouble, c'est par le désordre qu'excite la présence de la personne aimée, qu'on reconnoît son empire, plutôt que par les desirs. On n'a pas la jouissance de son esprit, il est éteint par le sentiment. Ce n'est point de l'esprit, c'est de l'ame que partent alors les pensées & les expressions. Tous les mouvemens se croisent, se confondent. On bégaye, on s'arrête, on pâlit, on rougit, comme dans la colère. Tel est le caractère de l'amour:

Et dans les doux transports, où s'égare son ame,
Il ne sauroit trouver de langue ni de voix.

Celui qui veut séduire, n'a qu'un but. Il voit la femme qu'il desire, des yeux dont un chasseur voit sa proye. Il épie ses ruses, il la suit dans ses détours; il saisit un instant de foiblesse, triomphe, & souvent jouit de sa victoire avec insolence. L'amour, comme je l'ai dit, domine l'ame, il verse la tendresse dans le cœur, & le propre de la tendresse est de pénétrer l'ame qui l'éprouve de l'intérêt d'un autre. Ainsi la

Q

plus légère résistance suffit pour alarmer celui qui est véritablement épris; il croit perdre pour jamais l'objet de son affection. Il est pour l'ame mille jouissances qui retardent, qui suspendent les desirs. La femme qu'on aime, a mille faveurs à accorder, dont chacune est d'un prix infini. On aspire à la posséder toute entiere; on ne veut que jouir de celle qu'on desire, & l'esprit est toujours présent pour profiter du moment favorable. On n'est pas maître de soi, quand on aime: tout décele, tout trahit, parce que le trouble & l'inquiétude sont sans mesure. Delà vient qu'il est si difficile de cacher son amour dans les commencemens. C'est par la même raison qu'on est réservé, mal-adroit, timide, embarassé. L'homme passionné ne sait pas ce qu'il desire au moment: c'est une maison embrâsée dans toutes ses parties; on ne sait où porter du secours de préférence pour éteindre l'incendie. Il ne peut être heureux seul: il ne cherche pas à triompher, à jouir, mais à se confondre avec la femme qu'il aime. Il faut qu'un même instant, qu'un même desir, les unisse, qu'il soit en quelque sorte au comble du bonheur, sans l'avoir prévû.

Comment s'assurer d'être véritablement

aimé ? La plupart des symptômes de l'amour font équivoques. Votre amant a de la jalousie, Hortense ? L'amour-propre suffit pour exciter toutes ses fureurs. Vous ne voyez aucun refroidissement dans ses desirs ? j'en conclurai que ses sens ont de l'ardeur. Il est sans cesse auprès de vous ? L'empire de l'habitude peut déterminer son assiduité. Ses yeux se remplissent de larmes, lorsqu'il vous parle de sa tendresse ? Les bons Acteurs en savent verser en abondance. Ses lettres sont remplies de sentimens & de chaleur ? Les Poëtes & les Auteurs de Romans en écrivent de brûlantes. Il est peut-être un moyen de juger de la vérité de ses sentimens. Dans vos longs entretiens, vous parle-t-il plus de vous que de lui ?

L'imagination dans plusieurs personnes, dans les femmes sur-tout, fait l'office du cœur & des sens ; leur tête est échauffée de l'idée d'un objet, tandis que leurs sens tourmentés se taisent, & que leur cœur vide & froid n'éprouve aucune tendresse. Cette fausse passion, qui n'a rien de solide, peut être durable, si l'habitude vient s'y joindre.

Le combat du sentiment & de la pudeur est ce qu'il y a de plus touchant & de plus flatteur pour un homme amoureux.

Celui qui aime, sans être payé de retour, est plus sûr que tout autre d'aimer véritablement.

Un homme passe sa vie chez sa maîtresse: Sa femme meurt; on le trouve heureux de pouvoir suivre en liberté son penchant, en s'unissant à l'objet de son affection. Mais si cet homme, qui est habitué à sortir de chez lui tous les jours à quatre heures, se marie à sa maîtresse, où ira-t-il en sortant de chez lui ?

Vous prétendez que je suis difficile à connoître; cependant je me suis toujours offerte à vos yeux telle que je suis, & c'est votre faute, si vous n'avez pas lu dans mon cœur. Je suis, dites-vous, une énigme : hé-bien ! le mot de cette énigme est *Femme* ; je le suis complettement. J'ai l'imagination vive, peu d'ardeur dans les sens, le cœur susceptible d'émotions passagères, beaucoup d'amour-propre & de vanité. Avec ces clefs, vous ouvrirez tous mes appartemens. J'ai beaucoup réfléchi, malgré cet air d'étourderie qui m'est naturel & que j'outre quelquefois. J'ai cherché à démêler ce qui se passoit dans les autres femmes; & celles qui ont eu le plus d'avantures, sont convenues avec moi qu'elles avoient tâché d'exciter leurs sens, qu'elles n'avoient embrassé que l'ombre du plaisir, & que le poursuivant sans cesse, elles s'étoient perdues d'essais en essais, comme ceux qui cherchant la pierre philosophale, se ruinent en expériences. D'après mes réflexions, j'ai pensé à donner toute satisfaction à mon amour-propre, à ne prendre de l'amour, que ce qui pouvoit le flatter; j'ai toujours vu les hommes supplians, & jamais vainqueurs insolens. Je fais briller à leurs yeux un rayon d'espérance, pour les soutenir dans la pénible carrière qu'ils parcourent en m'aimant. Chacun d'eux croit être plus heureux, plus adroit que son rival; mais je leur échappe, comme *Prothée*, au moment où ils croient triompher. Je ne vous cacherai pas que malgré mes réflexions & mes savantes manoeuvres, j'ai pensé succomber deux fois. Oui, j'ai éprouvé dans le tête-à-tête deux fois des émotions, dont on n'a pas su profiter. Elles ont passé comme un éclair, & je me suis plû à me venger de la mal-adresse de mes amans, qui m'avoient laissé desirer, & de l'empire qu'ils avoient pensé acquérir sur moi. Ce sont de vains plaisirs, me direz-vous; mais, ma chere amie, qu'on ôte la vanité de ce monde, que restera-t-il ? Je soutiens, moi, que la vanité est après la faim, ce qui anime le plus les hommes. C'est un principe mille fois plus actif & plus fécond que l'amour. L'un occupe quelques minutes dans la journée quelques personnes, & dans un court espace de la vie : mais dès qu'un enfant sait parler, il veut faire effet, il veut qu'on s'occupe de lui, il aspire à fixer l'attention. A toutes les heures du jour, à tous les âges, les hommes & les femmes cèdent à ce besoin impérieux. Que prétendent les héros, les Guerriers, les Ministres, si ce n'est d'être l'objet de l'attention des hommes, de faire l'entretien d'une partie du monde, de voir ceux qui les approchent dans un état de dépendance, de produire de grands effets quand ils paroissent, enfin de voir les hommes empressés à les servir, & occupés de deviner leurs desirs pour les satisfaire ? Je me dis souvent en entrant au Spectacle : quand l'éclat de mon teint, mes yeux, ma taille, l'élégance de ma parure fixent tous les regards; quand les hommes & les femmes se tournent vers moi, avertis par un murmure d'admiration, je me dis : j'ai plus d'influence & de pouvoir réel sur tous les êtres qui sont ici, que les plus importans personnages; ils peuvent combler des biens de la fortune, mais leur empire est plus borné que le mien. Ils n'agissent que sur les esprits, & j'ai le cœur & les sens de plus dans mon domaine. Disgraciés, ils ne sont plus rien ; ils n'ont qu'un pouvoir d'emprunt : le mien m'appartient; l'idée du bonheur que je puis faire éprouver, ne peut être séparée de ma personne. Suis-je une dupe, dites-le moi, de jouir à la manière des Héros & des Ministres, d'avoir sans peine, ce qui leur coûte des années de travail, ce qui leur fait passer tant de mauvaises nuits, dans la crainte d'en être privés? j'ai été inoculée, aucun événement ne peut donc me faire tomber de ma place, & j'ai douze ans d'empire assurés. Vous croyez à la constance, & vous préférez à tous ces vains plaisirs le charme d'un sentiment durable. Mais en est-il qui puisse se soutenir long-temps dans toute sa vivacité ? Le véritable amour est une maladie qui parcourt divers périodes : desir, possession, satiété ; voilà les trois époques de l'amour. C'est en vain qu'on veut tenir constamment au même objet. La curiosité & l'habitude déterminent les hommes. L'une fait les amans volages, & l'autre, les gens constans. Les uns sont actifs & les autres paresseux. Les amans constans ne sont que des hommes d'habitude. C'est un attachement bien flatteur que celui qui ne se soutient que par l'inertie ! si ces amans qu'on admire, vous faisoient part de la langueur de leur commerce, de l'insipidité de leurs jouissances, ils vous dégoûteroient à jamais de la constance. L'amour est éteint dans leur cœur ; & ils sont plus attachés à l'appartement de leur maîtresse, à un genre de vie, à la manière d'employer leur temps, qu'à la personne qu'ils semblent aimer. Un sentiment profond, vif & durable, est une chimère. Comment peut-on trouver toujours aimable ce qu'on voit sans cesse, être intéressé par une conversation, qu'on finit par savoir par cœur ? Les personnes les plus chatouilleuses sont insensibles au tact de leurs propres mains : c'est qu'elles y sont habituées. Peut-on commander à ses sens d'être vivement réveillés sans cesse à l'approche du même objet ?

Un sentiment vif, exclusif, qui absorbe l'ame & les sens, est le produit de la solitude qui concentre l'ame dans elle-même, du calme qui laisse le temps d'éprouver des impressions durables, enfin de la rareté des objets aimables, qui exclut la comparaison. Un tel sentiment peut-il exister dans une grande Ville, dans une Cour ? une Capitale immense, telle que celle où nous vivons, offre une succession rapide d'objets qui s'oppose aux impressions profondes ; là, tout ce qui peut fixer les regards, se présente sous un aspect séduisant ; là, mille beautés se disputent l'avantage : l'homme est agacé parce qu'il y a de plus attrayant, & la facilité du succès émousse la vivacité des desirs. On est incertain, on voltige d'objets en objets ; On compare, on hésite, on n'a pas le temps d'aimer, de choisir. On desire toutes les femmes & l'on n'en aime aucune. L'homme est au Bal, à la Comédie, dans la Société, comme chez un marchand qui étale cent pièces d'étoffe : il ne sait laquelle préférer. Vous voyez que malgré ma légéreté, j'ai réfléchi. J'ai fait plus, j'ai apprécié, & je m'en tiens pour moi bonheur aux succès de l'amour-propre. Je me plais à faire éprouver aux hommes le tourment de Tantale. On a cru pendant quelque temps que j'étois galante : on me rend justice à présent, & l'homme que j'ai l'air de distinguer, ne peut pas même être un fat à mes dépens. Adieu, ma chère amie, ne soyez pas en peine de moi. Quand ma jeunesse sera passée, je serai comme un Ministre disgracié, & il me restera de plus la ressource de l'intrigue, du bel esprit & de la dévotion.

De l'esprit des femmes.

Il semble que l'esprit des femmes n'ait pas assez de force pour ne s'attacher qu'aux choses. Elles y joignent presque toujours un objet sensible. La haine, ou l'amour des personnes détermine toutes les actions & se joint à tous leurs intérêts. Elles n'accusent pas du mauvais succès d'une affaire, les circonstances & les obstacles qu'elle présente par sa nature, mais elles s'empressent de s'en prendre à quelqu'un. Les choses leur plaisent par les personnes dont

elles viennent. La prévention & la passion
règnent dans leurs sentimens & leurs actions.
Leur entretien a pour objet principal les personnes. Elles parlent moins de l'homme, que
d'un tel homme qu'elles analysent, décomposent, définissent avec une sagacité étonnante. Lorsqu'on a recours à l'appui d'une
femme, à son crédit, pour le succès d'un projet, il faut se garder de lui parler des obstacles qui dérivent de la nature même du projet, ou de l'état des affaires. L'habileté consiste à profiter de son penchant à aimer &
haïr, à lui persuader que les obstacles n'ont
d'autre principe que la volonté & l'opposition d'un homme en place. C'est alors qu'une
femme agit avec chaleur & constance, qu'elle
n'écoute plus de raison, s'irrite, se roidit contre les difficultés : un simple intérêt s'est
changé en passion, & le succès de l'affaire n'est
plus douteux.

Vous avez un grand procès, Dorilas, qui
compromet votre honneur & votre fortune.
Vous avez raison, dites-vous; votre bon droit
est si clair, que vous ne craignez pas votre
partie adverse. Laissons votre droit, vos titres :
je connois votre procès; il est plus que dou-

teux : les apparences les plus fortes sont contre vous. Mais comment êtes-vous avec l'enthousiaste Argyre, qui a une légion à ses ordres, dont elle enflamme les têtes ? avec la circonspecte & ambitieuse Belinde, qui détermine avec tant d'adresse les jugemens de plusieurs personnes puissantes ? avec la froide & factice Célimène, qui étale avec une fausse chaleur de si grands sentimens, & dont l'amant commande à dix jeunes-gens, qui adoptent ses jugemens & révèrent ses décisions ? avec cette Dorine si répandue dans le plus grand monde, qui conte dans dix maisons en un soir l'histoire du jour, l'embellit, & souvent la compose en entier ? Voilà, Dorilas, ce qui forme l'opinion publique. Elle agit sur les Juges, même les plus intègres, dont l'esprit s'offusque par le nuage de la prévention générale. Plaidez, imprimez avec ces appuis; vos mémoires seront lûs, dévorés, & celui qui osera douter de la bonté de votre cause, celui dont la chaleur ne sera pas tout-à-fait au même dégré du thermomètre de ces personnes si vives, si accréditées, sera déclaré un homme sans principes. Il sera du bon air, il importera même à sa sûreté d'être pour vous.

L'imagination est la partie dominante de l'esprit des femmes. Elles trouvent des rapports entre les objets les plus distans. Leurs comparaisons sont vives, frappantes, & rendent sensibles les choses les plus abstraites.

Les femmes ne remontent que rarement aux causes, mais devinent les effets d'une manière prophétique. Leur conception fine & délicate leur fait appercevoir une foule de circonstances qui déterminent ou empêchent les succès.

La science de la morale est la partie où leur esprit s'exerce avec le plus d'avantage. Les foiblesses du cœur leur sont connues, & par la sagacité de leur esprit & par l'expérience. Le cœur de l'homme est leur domaine. Les prétentions les plus cachées ne peuvent leur échapper. L'amour-propre, la vanité n'ont point de replis obscurs où leur lumière ne pénètre. C'est par cette raison qu'elles démêlent & rendent sensibles les ridicules les les plus cachés : La finesse de leur tact ne rend pas moins habiles à discerner le mérite. L'homme médiocre doit trembler en paroissant devant une femme d'esprit. Il y a en général peu d'ordres dans leurs idées. Tantôt elles voient les objets fous une face, & tantôt fous une autre; elles favent en parer les divers aspects des plus brillantes couleurs. L'esprit des femmes les plus célèbres ressemble quelquefois à la lanterne magique. Delà vient qu'il s'est trouvé dans les femmes d'un esprit supérieur un certain déréglement qui présentoit l'idée de la folie.

Portrait d'une femme d'un esprit supérieur.

Elmire (1) possède à un dégré supérieur le don de la pensée. La plus vive conception, la sagacité la plus pénétrante & la plus brillante imagination, sont les qualités qui dominent dans son esprit. La pensée semble être l'essence d'Elmire, uniquement destinée à l'exercice des facultés intellectuelles. Je n'entreprendrai pas d'assigner ce qui appartient à son caractère, d'essayer de peindre son ame, son coeur : ces divisions d'un être pensant & sensible n'existent pas dans elle : l'esprit seul cons-

---

(1) Ce portrait est le seul qui soit dans cet ouvrage; & il est à l'avantage d'une personne qui n'existe plus.

titue son ame, son cœur, son caractère & ses sens. Madame de Tencin, disoit un jour à Fontenelle en mettant la main sur son cœur: *c'est de la cervelle qui est là*. On pourroit dire de toutes les actions & de tous les sentimens d'Elmire, c'est de l'imagination. Tout est soumis chez elle à l'influence de la pensée du moment. Si son imagination lui peint les charmes de l'amour, elle s'en pénètre, & son esprit semble lui créer un cœur & des sens; il sait à l'instant orner un objet des plus brillantes qualités. Le même esprit, actif, inquiet, curieux de connoître, d'approfondir, détruit son propre ouvrage. L'enchantement disparoît & elle devient promptement inconstante. Comme son esprit n'a point vieilli, elle est susceptible de toutes les erreurs de la jeunesse. Son esprit, (car il compose tout son être, & c'est à lui qu'il faut toujours en revenir), a le plus rapide élan; & le premier jet de sa pensée est semblable à une flèche vivement décochée, qui atteint promptement le but le plus éloigné. Elmire a peu d'instruction, & elle est incapable de réflexions suivies. Il n'y a jamais pour ses pensées ni veille ni lendemain. Sa vie est une longue jeunesse, que n'a jamais éclairée l'expérience. Son esprit semble être le char du Soleil abandonné à Phaéton. Sa pénétration vive lui tient lieu de savoir, parce qu'elle lui fait promptement atteindre à ce qui exerce toute l'attention des autres. Elle parcourt un livre plutôt qu'elle ne le lit, devine plus qu'elle n'apprend. Rien n'est étranger pour elle, tant sa conception est vive. Les idées les plus abstraites entrent aussi facilement dans son esprit que les plus simples notions. Une imagination vive & brillante lui fait peindre tous les objets, & lui compose un dictionnaire particulier. Elle fait de la langue un usage qui donne à tout ce quelle dit un caractère expressif & pittoresque. Sa conversation est animée, semée de traits saillans, de définitions justes, de comparaisons ingénieuses. Il faut plutôt l'entendre que s'entretenir avec elle. Elle n'a jamais le desir de briller : la prétention est au-dessous de celui qui possède pleinement & sans effort. Elle dépense son esprit comme les prodigues leur argent, pour le plaisir de dépenser & non pour paroître. Elmire doit passer pour méchante, parce qu'elle blesse souvent l'amour-propre des autres ; mais l'esprit seul est l'objet de ses observations : sa critique est déterminée bien plus par le besoin & l'habitude rude de comparer & de juger, que par aucun sentiment de malveillance. Elle disserte sans cesse sur l'esprit : c'est son domaine. L'esprit est tout en elle, & il est tout pour elle. Elmire ne pourroit s'empêcher de révéler le défaut qu'elle remarqueroit dans l'esprit d'un homme qui lui auroit sauvé la vie.

De la sensibilité physique

L'Auteur ingénieux & célèbre du livre de l'*Esprit* a prétendu démontrer que la sensibilité physique & l'intérêt personnel étoient les principes déterminans de nos actions : il s'est efforcé de prouver que les plaisirs physiques (1),

---

(1) « La conclusion de ce Chapitre, dit l'Auteur, c'est que le desir des grandeurs est toujours l'effet de la crainte & de la douleur, ou de l'amour des plaisirs des sens, auxquels se réduisent nécessairement tous les autres. »

De l'Esprit, tom. II. Discours III, pag. 19.

» Mais chez les Peuples policés, c'est le desir vague
» du bonheur, desir qui se réduit toujours, comme je
» l'ai déjà prouvé, aux plaisirs des sens, qui le plus
» communément inspire l'amour des grandeurs. Or,
» parmi ces plaisirs, je suis sans doute en droit de

R

étoient le seul but que se proposoit l'ambitieux au milieu des vastes projets qui semblent l'en éloigner. Les exemples suffiroient, sans le raisonnement, pour prouver la fausseté de ce système. L'ancien Gouvernement de l'Egypte, celui des Perses, sous le regne de Cyrus & de quelques autres Rois; la République de Lacédémone & les premiers temps de la République Romaine, nous offrent un spectacle bien différent & bien plus glorieux pour l'humanité. Là se trouve marqué le dégré d'élévation où l'homme peut atteindre par la sagesse & la vigueur des institutions. On croit lire l'histoire d'êtres d'une autre espèce, quand on compare à ces anciens peuples les hommes de nos jours.

Il est dans l'homme deux existences distinctes & séparées; l'une est purement physique & l'autre morale. C'est vouloir fermer les yeux à la clarté, que de ne pas voir dans la plupart de nos actions l'impulsion de ces principes. Chacune de ces existences a ses be-

---

» choisir celui des femmes comme le plus vif & le plus
» puissant de tous. »   *Tom. II, pag. 26.*

foins. Elles agissent l'une fur l'autre dans l'accord intime qui les unit ; mais il est des actions qui ne font que du ressort de l'une des deux. L'homme sauvage n'est occupé que des objets présens, sans réfléchir sur le passé & songer à l'avenir. Chez lui la faculté de penser est engourdie, & n'a pas plus d'action que le feu renfermé dans la substance d'un caillou. La pensée semble être l'arbre défendu : c'est elle qui fait connoître le bien & le mal ; elle change le fort de l'homme, en se développant, le transporte dans une nouvelle sphère de peines & de plaisirs. Alors ses idées se multiplient ; il réfléchit, il compare, il existe moralement : l'amour-propre, dont il recèle le germe, est enfin développé ; un mot, un geste, portent dans son ame le trouble & la joie (1). Il

---

(1) Si quelque chose prouve l'empire extrême du moral sur l'homme, c'est ce qui se passe en lui, lorsque son visage & son front se couvrent de rougeur. Un mot, un regard décomposent en quelque sorte son être. Ce mot, ce regard aussi prompts dans leurs effets que l'action de la lumière, transportent le sang d'une extrémité à l'autre ; du plus petit vaisseau capillaire, il s'élance pour rougir son front & animer ses yeux. Une telle & si rapide révolution dans le physique s'opère en un clin d'œil par le sentiment & la pensée.

éprouve le besoin d'être intéressé, d'être ému, d'être averti de son existence d'une manière vive & flatteuse pour son amour-propre. S'il n'est point satisfait, une langueur fatigante s'empare de l'homme. Le travail du corps, l'action de l'esprit, les émotions de l'ame, sont nécessaires pour se garantir de l'ennui. La vie humaine ressemble à celle de ces mendians paresseux, que l'on condamne en Hollande à pomper l'eau qui les gagne sans cesse. L'esprit & l'ame ont des besoins qui leur sont propres, & qu'on cherche sans cesse à satisfaire. On court au spectacle pour éprouver des émotions; on joue pour être agité par la crainte & l'espérance. La femme qui n'a pas la ressource des affaires, la femme dont les sens ont en général moins d'ardeur, est avide d'intrigues amoureuses, où les sens & le cœur n'ont souvent aucune part. Lorsqu'elle croit poursuivre le plaisir, c'est l'occupation, ce sont les succès de l'amour-propre qu'elle cherche. Sans partager les desirs qu'elle inspire, elle en est flattée, parce qu'elle y voit l'exercice de son pouvoir. Elle est plus occupée de la vivacité des sensations de son amant, qu'elle n'est empressée de jouir : en lui abandonnant ses charmes, en lui prodiguant ses faveurs, ce qui lui plaît souvent davantage, est d'offrir des tresors à l'admiration.

Ce desir universel d'émotions fait rechercher les gens d'esprit. On n'est point attiré vers eux la plupart du temps par l'envie de s'instruire & de s'éclairer; mais parce que leur esprit plus exercé rend leur conversation plus animée, que leurs expressions ont quelque chose de plus piquant, de plus neuf, que les vains propos de l'homme du monde. On fuit les gens tristes, ou plutôt vides d'idées, parce qu'ils communiquent leur insipide langueur avec rapidité. Le poison des Isles n'est pas plus subtil que la peste contagieuse dont l'ennuyeux accable l'esprit. (1) C'est par le même principe, par le besoin d'être animé, qu'autrefois les Princes entretenoient auprès d'eux des fous & des bouffons : leurs propos extravagans réveilloient leur esprit engourdi.

Il est évident qu'il existe un besoin pressant dans l'homme vivant en société, d'être intéressé, qui n'a rien de commun avec les

―――――――――――――――――――
(1) On en peut juger par la force sympathique des baillemens.

sensations. L'amour-propre en est également indépendant, & n'est pas moins impérieux. L'ambition est un composé de ces deux élémens ; & loin de présenter rien de physique dans son objet, elle les contrarie souvent dans leurs jouissances. César aimoit les femmes, mais après la gloire, après le pouvoir. (1)

L'homme est heureux ou malheureux par la

---

(1) Un fait relatif à M. Helvetius fut l'origine de son système sur la sensibilité physique. Il étoit né avec un penchant très-vif pour les femmes. Un jour dans sa jeunesse, il se trouva dans un jardin public, & il y remarqua un homme qui étoit entouré, fêté par plusieurs femmes d'une figure distinguée. Il se sentit porté à envier le sort d'un homme qui sembloit en apparence si heureux, qui attiroit l'attention & les égards de femmes charmantes. Il demanda qui il étoit : on lui répondit que c'étoit Maupertuis. Dès-lors il forma le projet de se distinguer par les talens de l'esprit, pour être l'objet d'empressemens qui lui paroissoient si flatteurs, & qu'il imaginoit pouvoir faire tourner au profit de son goût pour le plaisir. C'est d'après cette manière d'être affecté un instant, qu'il a établi un système général, démenti par le raisonnement & l'expérience de tous les siècles.

pensée : elle est pour l'esprit ce que l'amour est pour le corps. Un Géomètre éprouve un plaisir délicieux dans la solution d'un problême. Un Poëte se livre aux transports de la joie, lorsque dans l'exaltation de sa verve il a déployé toutes les richesses de l'imagination. Source de plaisirs, principe de fécondité, la pensée étend & perpétue l'existence.

L'homme desire de vivre dans l'opinion. Il est avide de distinctions qui imposent, qui préviennent en sa faveur. Il aime la domination, parce qu'il a une volonté & qu'il desire qu'elle soit accomplie, qu'on s'y soumette promptement. Madame de Maintenon, offre un exemple frappant du prix infini que l'on met à l'opinion d'autrui, de la passion qu'on a de se montrer supérieur aux autres. « L'envie de me faire un nom, dit elle, étoit » ma passion » : personne ne l'a portée si loin. » Cette ambition me faisoit souffrir le martyre » par mille contraintes que je m'imposois ». Elle s'enferma avec une femme, qui avoit la petite vérole, sans être sûre de l'avoir eue. » Un peu de pitié m'y porta d'abord, dit- » elle, ensuite beaucoup d'envie de faire une » chose qui ne fut jamais faite » Lorsque l'émétique étoit proscrit par des Arrêts, qu'on ne le donnoit qu'à la dernière extrêmité, elle en prit sans nécessité & alla faire des visites. Elle vouloit qu'on dit : » voyez cette » jolie femme, elle a le courage d'un homme ». Il s'en faut bien que la passion qui dominoit Madame de Maintenon, qui maîtrisa tous ses autres goûts, & la fit parvenir au faîte des grandeurs, présente quelque chose de physique : l'âme d'Alexandre étoit embrâsée de la même passion. C'est par le même motif que l'un a fait la conquête de l'Asie, que l'autre a risqué sa beauté & sa vie.

Les Républicains passionnés dont l'histoire fait mention, préféroient le bien public à tout autre intérêt. Ils aimoient la vertu pour elle-même, comme le Géomètrre, le philosophe, aiment la vérité. Dans les premiers temps des Républiques, dans la vigueur de leur institution, l'amour de la gloire, le desir d'être distingué, n'étoient pas les principes déterminans des véritables Républicains. L'idée de la perfection morale, l'ardent amour de la chose pnblique enflammoit leurs ames. Ils ne craignoient pas la pauvreté; elle leur paroissoit honorable, même dans les temps où les richesses commençoient à être recherchées, où le luxe avoit fait quelques progrès.

Si l'on veut connoître les dégrés par lesquels l'homme s'avance vers la corruption, il est facile de les déterminer d'une manière sensible. C'est dans les Républiques qu'il faut chercher ces gradations. On commence par aimer la vertu, qui se suffit à elle-même; ensuite on desire la gloire; l'amour-propre vient bientôt corrompre ce pur amour de la vertu: il ajoute au plaisir de bien faire, celui de mieux faire que les autres. Il est une troisième époque, c'est celle on l'on recherche les grandeurs. C'est alors que naît l'ambition. Il n'est plus de vertu; on n'est occupé que de s'élever au-dessus des autres. L'orgueil, l'amour-propre, la vanité dominent dans l'ame de l'ambitieux; mais il y a quelque chose de grand dans ses projets, qui impose aux hommes. Il est forcé d'avoir des talens supérieurs & de grandes qualités. Le goût des voluptés seroit un obstacle à ses desseins, s'il étoit dominant, & les plaisirs des sens ne peuvent être par conséquent le but qu'il se propose. Le dernier terme de corruption où l'homme parvient par ces dégrés, est l'amour des richesses.

La vertu, la gloire ne sont plus que de vains noms : le ridicule est répandu sur ceux qui en conservent la plus foible mémoire. Les honneurs, les dignités, ne sont plus desirées que comme des moyens de fortune : les jouissances physiques deviennent le but universel. Alors tout se calcule d'après la valeur numéraire ; les avantages d'une grande place sont fixés dans l'opinion d'après ses produits.

Que peut prétendre l'ambitieux, dira-t-on, si l'homme comblé d'honneurs, revêtu de grands emplois, ne doit pas s'estimer davantage dans la plupart des Gouvernemens modernes ? On peut répondre, premièrement, qu'il se fait illusion sur ses talens & que la flatterie s'empresse de l'augmenter. Secondement, qu'il est intéressé, ému, averti vivement de son existence, & qu'il exerce sa volonté, sans trouver de contradicteurs. Des objets intéressans captivent sans cesse son attention, & chassent loin de lui les langueurs de l'ennui. On lui prête une attention flatteuse, & la confiance que lui inspire l'attitude de déférence & de respect qui caractérise ceux qui l'approchent, lui donne la jouissance de son esprit & tout le temps de le développer. L'ambitieux dans une telle situation est content de lui-même & des autres ; & la tendance des hommes à admirer ce qui est élevé, est telle, qu'on lui suppose toujours un certain mérite.

L'ambitieux, loin d'avoir pour unique objet la satisfaction des sens, est souvent entraîné par cette passion impérieuse jusqu'à l'anéantissement de lui-même. Elle lui fait immoler le présent, sa vie même à ce vain murmure de la postérité qu'il n'entendra jamais. Comment reconnoître l'amour des plaisirs, la crainte de la douleur dans un pareil sacrifice ? Comment expliquer ainsi ce sentiment de l'homme, qui lui rend insupportable l'idée que sa mémoire sera flétrie, qui rend si précieuses les louanges du siècle à venir ? On a remarqué qu'il est presque sans exemple, de voir des gens se tuer pour éviter la douleur ; c'est pour s'affranchir du fardeau de l'ennui, pour se dérober au mépris, qu'on abrége volontairement ses jours : il n'est point de plus grande preuve du triomphe du moral sur le physique. La constance & la gaieté des Sauvages dans les plus affreux tourmens montrent à quel point on dompte la douleur, & que l'ame peut être exaltée au point d'y être presque insensible.

On dira peut-être que l'éclat des honneurs, le crédit, la faveur procureront à l'homme voluptueux des succès auprès des femmes inaccessibles à la corruption de l'argent. En admettant un instant que ce motif détermine un ambitieux, ce seroit un triomphe de l'amour-propre qu'il auroit en vue : mais l'expérience apprend que le véritable ambitieux (1) est plutôt libertin que galant ; il aime mieux corrompre que séduire : il ménage ainsi l'emploi d'un temps précieux. S'il s'attache à des femmes, c'est à celles qui peuvent être utiles à ses vues, & favoriser sa passion dominante.

L'ambition des Souverains établit encore plus victorieusement, que les principes de cette passion n'ont aucun rapport avec le desir des jouissances physiques, qu'elle est un produit de la sensibilité morale. J'ouvre l'histoire, & je vois Mahomet second, Amurat abandonner leurs serrails : ils s'arrachent aux embrassemens de mille femmes; ils se condamnent à toutes les fatigues de la guerre. Sont-

_____

(1). Il pourroit répondre comme ce Ministre à qui un Roi demandoit s'il faisoit l'amour : *non, Sire*, dit-il, *je l'achète tout fait*.

ils guidés par la volupté ? Ces déserts brûlans qu'ils traversent, doivent-ils les conduire dans un palais de Houris ? Non, mais à la victoire, assise sur des débris sanglans. Leurs sens se taisent, leur imagination n'est enflammée que de la passion de la gloire. Leurs oreilles ne sont pas frappées de la mélodie d'une musique voluptueuse, mais d'accens guerriers, & dans le lointain, ils entendent confusément la voix de la renommée. Ce n'est point le temple de l'amour qu'ils considèrent dans leur pensée, mais celui de l'immortalité. Ils brûlent d'y parvenir aux dépens d'eux-mêmes, & sont dominés par le desir de vivre éternellement dans la mémoire des hommes.

Charles XII enivré de la gloire, couchant sur la dure toute sa vie, fuyant les femmes, ne présente pas l'idée d'un homme déterminé par la sensibilité physique. La volupté de vaincre est la seule qu'il ait connue. Le grand Pensionnaire Heinsius, ce Républicain si frugal, si ennemi du faste, dont le domestique étoit borné à une servante, goûtoit dans la simplicité un plaisir extrême à humilier l'orgueil de Louis XIV. L'amour ne devoit pas lui décerner le prix de ſes travaux & de ſa gloire.

La femme eſt ambitieuſe comme l'homme; elle aime plus que lui encore la domination. C'eſt elle qui a créé le moral de l'amour, parce qu'elle a ſenti que ſon empire ceſſoit au moment que les ſens étoient ſatisfaits. Le jargon de la galanterie, la métaphyſique du ſentiment qui rempliſſent les entre-actes, les jouiſſances de l'amour-propre, tous ſes acceſſoires qui étouffent le principal, ſont de l'invention des femmes. Elles ont en quelque ſorte fait l'homme à leur image, pour étendre leur empire : le délire de l'imagination a remplacé celui des ſens.

En ſuppoſant même que le goût des plaiſirs des ſens fût égal dans les femmes, l'éclat, le pouvoir, les dignités n'ajouteroient rien aux moyens de le ſatisfaire. Une femme ſenſible ou voluptueuſe déſireroit plutôt de deſcendre du Trône que d'y monter, pour ſe livrer ſans gêne à ſes penchans.

Marie Stuart aimoit les plaisirs & s'occupoit peu du Gouvernement : les rênes de l'Ecosse flottoient entre les mains de ses amans. Elizabeth étoit ambitieuse & vouloit être comptée parmi les grands hommes. Elle avoit de la coquetterie; elle étoit flattée des desirs qu'elle faisoit naître, parce qu'elle étoit avide de tous les succès; mais il est douteux que l'amour ait entièrement triomphé d'elle. Est-ce le goût des plaisirs qui lui inspiroit cette constante application à soutenir & à étendre la prérogative royale ?

Plusieurs penchans peuvent s'allier avec l'ambition; mais si elle leur cède, c'est qu'elle est foible. Tous les hommes en renferment le germe, en manifestent des étincelles dans leur vie; mais la paresse l'amortit (1), & le goût des plaisirs l'éteint.

───────────

(1) Il semble que le Diable ait mis la paresse sur la frontière de plusieurs vertus, dit un Moraliste : on peut répondre qu'elle est également sur celle de plusieurs vices.

Presque tous les hommes ont un desir vif d'être distingués, de l'emporter en quelque chose sur les autres; mais ils font consister souvent la gloire dans des succès frivoles ou bizarres. Néron avoit l'ambition d'être un excellent chanteur; il n'étoit sensible qu'aux louanges qu'on donnoit à ses talens pour la musique.

La différence du genre d'ambition vient de celle du caractère. Dans l'un, elle est audacieuse, entreprenante; & dans l'autre, oblique, patiente, artificieuse.

Il existe dans l'homme un besoin moral, pressant, énergique, plus ou moins impérieux. De même qu'il est des hommes d'une sensibilité extrême pour les plaisirs physiques, il en est aussi auxquels un amour-propre susceptible, délicat à l'excès, l'idée de l'ordre, de la vertu & de la gloire composent un bonheur absolument moral. La sphère de leurs plaisirs, de leurs peines, est hors de l'empire des sens.

De l'éducation.

On a beaucoup écrit sur l'éducation, & depuis Rousseau, plusieurs Auteurs se traînent sur ses traces ; mais ils n'ont ni sa logique pressante, ni son style énergique. Que peut-il résulter de ces livres, lorsque les mœurs sont en contradiction avec les principes ? Un souper de Paris, la crainte du ridicule, l'exemple, détruisent en une semaine tous les soins de l'éducation la plus éclairée, dirigée par les meilleurs principes.

Un instituteur s'efforce de porter son élève à la vertu ; mais à peine sorti de ses mains, le monde qu'il fréquente, le met en commerce avec des fripons. A mesure qu'il avance en âge, il lui est démontré de plus en plus qu'ils obtiennent fortune, considération, succès. Il reçoit des préceptes de vertu dans un âge où leur étude contrarie ses amusements : il les écoute avec indifférence. Il reçoit l'exemple du vice dans un âge où les passions soutiennent éloquemment sa cause. Que devient l'éducation ?

Une mere, une gouvernante, répétent à une jeune fille prête à se marier, que la fidélité à son mari est un de ses premiers devoirs. Elle n'a pas soupé trois fois en ville, qu'elle entend parler de la galanterie de la plupart des femmes avec lesquelles elle vit : Ces femmes sont considérées, citées, recherchées. Les livres qu'elle lit, les vers, la prose, la conversation, tout lui parle d'amour, d'amant. Comment la curiosité seule ne porteroit-elle pas à savoir ce que c'est que cet Etre si intéressant qui occupe le cœur & l'imagination des femmes, qu'un amant enfin ? comment conservera-t-elle pour son mari un sentiment qu'il faut dissimuler, & qui est un objet de moquerie, tandis que l'amour-propre entre dans tous nos sentimens ?

Une femme est respectée ; son suffrage est brigué, on se vante d'être admis dans sa Société, ses jugemens sont des loix, une génération entière a consacré la considération dont elle jouit. Quelle est la jeune femme qui n'aspire pas à jouir dans sa vieillesse d'une aussi flatteuse existence, & qui ne pense que la plus sage conduite est le moyen de la mériter ? elle entend réciter les aventures scandaleuses d'une femme du même nom ; & c'est de cette femme considérée, respectée, qu'il est question. Son étonnement est extrême. Est-ce la peine de se gêner ? Voilà quelle doit être sa réflexion.

De la Paternité.

L'amour de la propriété, l'habitude & la vanité sont les élémens constitutifs de l'amour paternel. Peu de peres songent au bonheur de leurs enfans, & tous desirent leur élévation & leur fortune.

Un fils qui rassemble de grandes richesses, des dignités, des titres, est plus regretté que le fils le plus estimable par ses qualités.

Un pere cache à ses enfans sa tendresse, dans leur bas âge & leur jeunesse, par la crainte qu'ils n'en abusent; il contrarie leurs goûts & se voit forcé de montrer le visage sévère d'un maître, lorsque son cœur le porte à prodiguer les caresses d'un pere. Un tems vient où l'âge les rapproche de lui ; mais alors leurs goûts opposés aux siens, les en éloignent. Le fort d'un pere en général eſt de ne voir dans ſes enfans que des êtres craintifs ou indifférens.

Un enfant peut être pendu & déshonorer ſa famille, voilà la dernière chance du malheur pour un pere. Quelle eſt celle d'un bonheur équivalent ?

Eraſte ſe dit en lui-même : cette grande charge, cet Hôtel, cette terre ſuperbe, un revenu immenſe, ſeront en ma poſſeſſion, à la mort de mon pere. Mes goûts, mes deſirs ne trouveront plus d'oppoſitions, & je pourrai ſuivre le genre de vie qui me conviendra. Le pere meurt.... quelle vertu ne doit pas avoir un fils ſincérement affligé ? j'anéantis, dira-t-on, les ſentimens ſacrés de la nature. Ce n'eſt point elle que je calomnie, mais la ſociété viciée que je dévoile. De nos mœurs, des richeſſes, du luxe, découle toute la corruption. La conſtitution de l'homme peut être bonne; mais il vit dans un air empeſté, qui détruit juſqu'au germe des vertus.

Quatre générations habitent cet Hôtel immenſe, l'opulence y regne de toute part, &

semble garantir que ceux qui l'occupent n'ont rien à desirer, qu'ils ne peuvent former des vœux que pour leur bonheur mutuel. Arrêtez-vous au rez de chauffée, & vous y verrez une femme octogenaire, caduque & délaissée, qu'on visite en passant : elle se désespère de l'oubli de ses enfans, & achève sans consolation des jours languissans. Montez au premier, & vous verrez un homme de soixante-cinq ans, cassé, infirme, dont le visage est obscurci par un chagrin qu'il dissimule ; il se promene à grands pas dans son cabinet, orné des plus riches tableaux. A quoi songe-t-il ? Si sa mere mouroit, il acquitteroit des dettes énormes qu'il cherche à cacher, & ce qui le touche encore plus, il pourroit augmenter sa collection. Montez un étage ; il est habité par le fils de cet homme, âgé de trente-cinq ans ; il cause avec sa femme ; l'entretien a pour objet l'état de leurs affaires ; ils se plaignent de la dureté de leur pere ; leurs créanciers sont pressans, les dettes se multiplient : votre pere a bien mauvais visage, dit la femme ; je crains qu'il n'aille pas loin. Cette crainte, si vous l'expliquez bien, est une espérance. Votre grand'mere se porte bien, ajoute la femme :

il est à desirer qu'elle vive, car votre pere dépenseroit bientôt ce qu'elle amasse. Cela veut dire, que le pere meure le premier ; on est bien sûr que la grand-mere ne tardera pas. Montez un étage encore, vous y verrez un fils de dix-sept ans qui cause avec son valet de chambre, des moyens d'avoir de l'argent ; le pere, le grand-pere, la bisayeule tour-à-tour font l'objet de ses plaintes ; leur avarice, leur insensibilité sont peintes des plus vives couleurs : le jeune homme, dans son coeur, conjure contre les trois races; tandis qu'un Collatéral, logé dans un entresol, songe au grand bonheur qu'il auroit, si quelque épidémie ravageant la maison, faisoit disparoître quatre générations : il ne s'en occupe pas précisément, mais son imagination s'égare dans ce beau songe.

Un pere devenu infirme, chagrin, ne peut concevoir la dissipation d'un fils jeune, ardent & passionné pour le plaisir. Il n'est rien de commun dans leurs sentimens. Leur manière de vivre n'a rien qui les rapproche. Le fils se couche à l'heure où le pere se leve. Leurs goûts sont opposés, leurs Sociétés ne sont pas les mêmes ; enfin ils different même souvent par leur état. Deux Êtres qui ont aussi peu de rapport entre eux, quelles que soient les apparences, ne peuvent pas avoir une grande affection l'un pour l'autre. Allez au continent de l'Amérique, vous verrez des peres aimés de leurs enfans. Les mêmes occupations les réunissent, ils se secourent mutuellement ; leurs plaisirs, leurs chagrins sont en commun. Le fils perdra une société, un ami & son plus ferme appui, lorsque son pere lui sera enlevé.

De l'homme aimable.

Si l'on remonte à l'origine du mot *Aimable*, il doit signifier ce qui est à aimer. Cependant il ne réveille pas l'idée de ce qu'on doit aimer, mais de ce qui plaît. Les qualités qui produisent cet effet, paroissent être purement relatives ; & l'homme aimable, d'un siècle, d'un pays, ne ressemble pas à celui d'un autre temps, d'un autre pays. Alcibiade étoit aimable aux yeux d'un peuple volage, ardent, sensible aux agrémens extérieurs. Le Duc de Beaufort, grossier dans son langage, & qui étoit beau sans Noblesse, comme un homme du peuple, étoit l'Alcibiade des halles. Tous les deux se conformoient aux manières du peuple qu'ils vouloient séduire : tous les deux tâchoient de le diriger en flattant ses penchans. L'homme aimable doit avoir un caractere mobile, qui se prête à tous les goûts. Rien ne doit faire sur lui d'impressions durables, la flexibilité, la souplesse constituent son être. Il est nécessaire qu'il ait de l'esprit, mais de quelques dégrés seulement supérieur à celui des personnes avec lesquelles il vit ; il ne faut pas qu'il surprenne, mais qu'il plaise & qu'il réveille. Comme le but qu'il se propose est l'amusement & souvent la séduction, l'homme essentiellement aimable par caractère & par rôle, ne doit pas avoir de principes. S'il étoit arrêté par la crainte de nuire, par celle de ternir les réputations, il seroit moins plaisant, il perdroit mille occasions de flatter la malignité humaine. Il faut qu'il soit susceptible d'être intéressé, sans avoir un sentiment ; qu'il ait de l'esprit sans profondeur ; de la complaisance sans bienveillance ; qu'il offre les apparences de l'amitié & le mensonge de l'amour, qu'il sacrifie tout au plaisir du moment. Un tel être n'existe que

que dans une grande capitale, qu'en France peut-être.

De l'opinion publique.

Fontenelle difoit : « Si j'avois toutes les « vérités dans ma main, je ne voudrois pas l'ouvrir. ». Ce mot caractérife plus le philofophe que le citoyen. Il ne faut pas avoir trop raifon, & il eft dangereux d'avoir raifon contre fon fiècle. Suppofons un inftant que la vérité dégagée de l'obfcurité qui l'environne, fe montre dans toute fa clarté, & qu'elle prenne la parole, c'eft contre l'opinion publique de tous les temps qu'elle s'éleveroit le plus ; elle lui reprocheroit la mort de Socrate, la condamnation de Galilée ; les oppofitions & les dedains multipliés contre Colomb, le fupplice de la Maréchale d'Ancre, les perfécutions élevées contre Defcartes, le mépris dont on accabla Milton, l'oubli où refta long-temps Nevvton, la Phœdre de Pradon préférée au chef-d'œuvre de Racine, Colbert dans fon cercueil pourfuivi à coups de pierre, la mort de Lally.... Elle feroit enfuite l'énumération des faux-prophètes, des fanatiques perfécuteurs, foutenus & animés par l'opinion publique, des Charlatans de tout genre favorisés par elle & triomphans de la raison opprimée & réduite au silence.

Celui dont l'esprit va plus vîte que son siècle, risque de n'être pas entendu, d'être ridicule & persécuté ; l'opinion publique est presque infaillible, lorsque le public est calme, lorsqu'elle s'établit lentement & qu'elle a subi l'épreuve des contradictions, lorsqu'elle n'a point sa racine dans la domination d'une Société, & que l'esprit de parti n'enflamme pas les têtes.

Les hommes de quelque rang qu'ils soient ; ceux-mêmes qui sont les plus éclairés, deviennent peuple, quand l'esprit de parti trouble leur entendement ; le Géomètre alors, une démonstration à la main, ne seroit pas écouté, & pourroit être lapidé.

Le bonheur & le manége contribuent beaucoup aux grandes réputations; il n'est point de réputation qui soit dans une juste proportion avec le mérite, & il n'en est aucune, & dans aucun genre, qui n'ait, quelqu'injuste qu'elle soit, un fondement.

Le public juge le côté qu'il apperçoit bon ou mauvais, conclût du particulier au général, & d'une saillie à une habitude; il n'oppose pas le bien au mal, ou le mal au bien, pour faire une juste compensation, & s'il est passionné, le public devient un individu qui accorde tout à ceux qui entrent dans ses sentimens.

Beaucoup de gens ont deux réputations; toutes deux fondées & toutes deux contraires. Ils ont été jugés par les uns sur une inconséquence ou une foiblesse, & par les autres sur leur caractère habituel; par les uns, sur leurs actions, & par les autres, sur le principe de ces actions; l'homme privé a été jugé par les uns, & l'homme public par les autres; là ils ont été jugés d'après leurs manières & ici d'après leurs sentimens, par les uns sur leurs discours, & par les autres sur leur conduite; ici enfin le jugement émane de leurs égaux & là de leurs inférieurs.

Si vous entendez dire généralement qu'un homme est un fripon, croyez-le, parce que la probité n'étant que négative, on passe pour honnête homme à peu de frais: il faut donc qu'il y ait eu quelque chose de positif pour déterminer l'opinion contraire. Mais si vous entendez dire généralement d'un autre, qu'il est un honnête homme, ne vous pressez pas de le croire, parce qu'il y a des hypocrites & des gens habiles à se masquer, & qu'un extérieur réglé, la bonhommie & la foiblesse peuvent établir cette réputation accréditée sans examen.

Entendez-vous dire qu'un homme est méchant, ne vous hâtez pas de le croire tel, parce que la prévention, l'animosité, peuvent avoir établi injustement cette idée, parce qu'il n'est peut-être que sévère, que brusque, & dur en apparence, qu'il n'est peut-être que gai, & qu'une saillie du moment, une épigramme, ont pû déterminer cette opinion.

Si l'on vous dit qu'un homme a de l'esprit, faites attention à ceux qui vous le disent, & ne croyez à cette assertion qu'en raison des lumières de ceux qui le jugent. La louange de certaines personnes en fait d'esprit est un préjugé défavorable, car elles ne peuvent être frappées que d'un mérite médiocre : le dégré de clarté qu'elles ont pu entrevoir, est proportionné à la foiblesse de leur vue.

La réputation d'un Auteur est généralement répandue, son nom est cité dans la plupart des écrits à côté des plus grands noms, il a une influence prépondérante sur les sociétés littéraires, & domine dans les cercles de la bonne Compagnie ; voilà des titres imposans : ne vous laissez pas entraîner cependant par ce grand nombre de suffrages, songez à la réputation de Ronsard, à celle de Saint-Evremont ; songez que Fontenelle a été mis à côté de Voltaire, & le Président Hénault à côté de Montesquieu, que les Sociétés se trompent, & que celles qui dominent entraînent les autres, que Paris n'est au fond qu'une grande société livrée à l'erreur, comme les plus petites, séduite par la mode, & soumise au jugement de quelques personnes accréditées ; considérez enfin qu'on réussit en épousant les sentimens qui dominent & qu'on impose à son siècle par la hardiesse.

De la bonne Compagnie.

Dans le siècle dernier, on se servoit de l'expreſſion, *d'honnête homme*, pour dire ce qu'on appelle aujourd'hui un homme de bonne compagnie. St. Évrèmont, Buſſy Rabutin & tous les Auteurs l'emploient dans ce ſens. C'eſt dans les premières ſphères qu'il faut chercher la réunion des circonſtances qui forment la bonne compagnie. Celui qui vit avec des perſonnes qui ont des mœurs, de l'eſprit, & une exiſtence honorable, ne voit pas mauvaiſe compagnie, mais ne voit pas la bonne compagnie par excellence, celle qui donne le ton & forme une eſpèce d'Ariſtocratie. C'eſt dans ces cercles que l'on porte un jugement ſans appel ſur les gens en place, les ouvrages & les perſonnes, ſur les grands procès & les événemens de tout genre. On y connoît la poſition & les relations des gens en crédit, on y eſt inſtruit des intrigues amoureuſes, des motifs d'une rupture & du ſucceſſeur qu'une femme a donné à ſon amant. Un aveugle enthouſiaſme y domine les eſprits, une fauſſe chaleur enflamme les têtes. Les Auteurs protégés, vantés par la bonne compagnie, obtiennent des ſuccès momentanés, déſavoués ſouvent par le public, & des penſions qui les conſolent de cette injuſtice. Ne cherchez pas le génie, un caractère marqué dans ce ce qu'on appelle la bonne compagnie. Ceux qui possèdent ces avantages & ces qualités, y seroient impatiemment soufferts & s'y trouveroient déplacés. Les grands hommes n'ont jamais vécu dans les cercles de la bonne compagnie, ils y paroissent; mais les entraves dont elle accable l'homme supérieur, l'en écartent; il vit en famille, avec sa maîtresse, avec des amis particuliers; il cherche la confiance, & il n'a pas besoin des petits succès de la société, pour s'assurer de sa valeur. Quelques charlatans dominent dans la bonne compagnie, & le ridicule y exerce tout son empire. Il faut la voir, y paroître quand on veut tenir au monde, quand on sacrifie à la fortune; on doit savoir alors se rendre maître de quelque intrigante qui dispose d'une troupe servile & moutonnière. Mais celui qui s'y complaît, qui s'honore d'y vivre, porte empreint le sceau de la médiocrité.

Une fois adopté dans une des sociétés qui donnent le ton, un homme peut choisir le caractère qui lui convient, être personnel, bisarre, léger, triste, colère, pédant: s'il marque par quelque chose de singulier, on lui passera tout, jusqu'à l'impertinence, & les autres sociétés s'empresseront à l'envi, d'applaudir à ses travers. La société admet toutes les prétentions, pourvu qu'elles soient étayées d'un nom ou d'une grande fortune, ou protégées par des personnes qui jouissent de ces avantages. Le torrent de la dissipation ne permet pas l'examen des titres, & il ne s'agit que d'oser souvent, pour jouer le rôle qu'on veut dans le monde.

Canidie se réveille un matin & se dit, j'ai de l'esprit. Elle lit des journaux, elle accueille les beaux esprits, répète à l'un ce qu'elle tient de l'autre, se forme des jugemens & donne à souper. On la prône, on la cite, & deux ans de manége, d'empressement à rechercher & flatter les gens célèbres, lui procurent une grande réputation. Son esprit, quarante ans inconnu, & fait pour l'être, s'est manifesté ainsi tout-à-coup. Canidie est l'Oracle que l'on consulte; son suffrage est brigué, ses décisions sont des loix. Un homme dit : j'ai de la vertu ; vous oubliez sa vie, & vous répétez : il a de la vertu. Un autre, je suis noble & désintéressé ; tout ce qu'il possède est le fruit de ses intrigues avides ; & vous citez son désintéressement.

Un

Un homme sans mérite, sans agrémens, est établi avantageusement dans le monde, il y décide, il y domine. Il n'est point de soupers où il ne soit invité des premiers. On se plaint quand on ne l'a point vu : quelle est la raison de ce succès ? Il y a trente ans qu'une femme à la mode l'a pris en fantaisie, comme un chien, un perroquet. Sur sa parole, on lui a cru quelque valeur, & il est resté en possession d'être recherché.

Damon est malade ; la Cour, la Ville abondent chez lui ; il n'y a pas assez de fauteuils dans son appartement pour la foule qui vient le voir. Les jeunes femmes les plus élégantes, les vieilles les plus considérées, les gens en place s'empressent de le visiter. On parle dans tous les soupers de son état : on sait à point nommé qu'il a pris un bouillon. Un tel homme semble cher à la France. Qu'il ne s'enorgueillisse pas cependant ! le monde cherche le monde, on est sûr d'en trouver chez lui & d'y apprendre la nouvelle du jour. Damon meurt, & personne le lendemain ne parle de lui.

Dorante est sans naissance & sans mérite,

Il a quelque esprit, tourné à la méchanceté. Des circonstances l'ont introduit dans les Sociétés du plus haut rang, & peu-à-peu il s'est trouvé en liaison avec ce qu'il y a de plus grand à la Cour, de plus distingué à la Ville. Sa familiarité est extrême avec les femmes les plus considérées, les Princes, les gens en place & les personnes en faveur. Il a de l'humeur; il est inégal, brusque; ses manières seroient déplacées dans le plus grand Seigneur. Dorante a craint d'avoir l'air subalterne, & il n'a trouvé d'autre moyen pour l'éviter, que d'être insolent.

C'est une grande erreur que de s'efforcer, pour plaire & réussir, d'inspirer aux autres l'opinion de son mérite, tandis que le véritable moyen d'obtenir des succès, est de paroître pénétré du leur : savoir écouter, attendre, & s'ennuyer, sont des principes certains de fortune.

Chrysante jouit d'une fortune immense. Il a eu des intérêts considérables dans différentes affaires, il a des pensions, des gouvernemens, des dignités; tous ces avantages sont venus successivement, peu-à-peu, & sans exciter l'envie. Vous êtes surpris de sa fortune. Aucune action d'éclat n'a fait connoître Chrysante dans le public; il n'est ni fils, ni neveu d'un Ministre ou d'une Maîtresse; il n'a jamais été en faveur auprès du Prince, à peine en est-il connu. Qu'a donc fait Chrysante? Il s'est ennuyé pendant trente ans; les nuits que la jeunesse consacre au plaisir, il les a passées à écouter les histoires d'une dame d'honneur du siècle dernier, qui avoit conservé du crédit, & ses récits avoient toujours l'air de la nouveauté pour lui. Il a fait des cavagnoles sans nombre. En réunissant les heures qu'il a consumées dans diverses antichambres, elles formeroient plusieurs années. Il a été le réceptacle des confidences amoureuses de quatre à cinq personnes en crédit. Il a entendu, sans témoigner le moindre ennui, des propriétaires fastidieux faire cent fois chacun devant lui la description des beautés de leur maison; il s'y est promené autant de fois avec l'apparence du plaisir & de l'intérêt. Chrysante a écouté pendant plusieurs années Dorimont faire le récit pompeux de sa généalogie, de ses alliances, sans témoigner le moindre dégoût. Combien de fois enfin n'a-t-il pas assisté à la lecture des ouvrages d'Alcidon, sans dormir ! Voilà ses services : ils sont nombreux & variés. Il n'a pas été à la tranchée ; j'en conviens. Mais quel est le mérite de s'exposer au danger ? celui de hazarder sa vie ? Chrysante la sacrifie en détail. On admire le Ministre, le Magistrat, qui renonçans au plaisir, passent une vie laborieuse dans leur cabinet. Chrysante a renoncé de même au plaisir : il a consumé une grande partie de sa vie encore plus tristement. Un mérite de plus lui étoit nécessaire. Le Magistrat, le Ministre, peuvent laisser paroître la contention de leur esprit ; mais Chrysante, au milieu des plus fastidieuses occupations, montroit un visage serein & un air satisfait.

Les divers états de la société étoient autrefois contenus dans des limites ; chaque condition devoit offrir un caractère qui lui étoit propre, & que plusieurs outroient ; l'affectation des usages qui gouvernoient chaque classe, ou la prétention d'imiter ceux d'une autre, fournissoit un vaste champ à l'observateur critique. L'homme de la Cour & l'homme de la Ville étoient des Etres distans entre eux par l'habillement, les manières, le genre de vie, le langage. Les âges de la vie étoient marqués par un costume particulier ; l'âge mûr, la vieillesse avoient un rôle différent dans le monde, des mœurs, des occupations, des plaisirs qui leur étoient propres. Chaque état, par une communication fréquente avec les autres, a de nos jours altéré son caractère distinctif. L'homme de la Cour a cessé d'avoir une grande représentation, le Magistrat a perdu sa gravité, le Financier sa grossiéreté ; les alliances se sont multipliées entre la haute Noblesse, la Robe, la Finance, & ont rapproché tous les États. Les plaisirs de l'esprit, le goût des arts, l'amusement ont réuni toutes les conditions ; on n'a plus demandé l'état d'un homme pour l'admettre dans une société, mais s'il étoit aimable. La multiplication des richesses & le desir des jouissances qu'elle entraîne & favorise, font disparoître l'intervalle des conditions. Perpétuellement réunis par le goût du plaisir, les hommes ont été plus dissipés. La vie intérieure & domestique n'a plus été le partage que des États obscurs & des gens sans fortune. Celui qui a un bon estomac, qui joue & qui sait l'histoire du jour, est de tous les âges, de toutes les conditions. Il n'eſt ni Magiſtrat, ni Financier, ni pere de famille, ni mari : Il eſt homme du monde. Lorſqu'il vient à mourir, on apprend avec ſurpriſe qu'il avoit quatre-vingts ans. On ne s'en feroit pas douté à la vie qu'il menoit. Sa ſociété même ignoroit qu'il étoit aïeul, époux, père : qu'étoit-il donc à leurs yeux ? Il avoit un quart de loge à l'Opéra, jouoit au lotto, & ſoupoit en ville.

Un grand Seigneur autrefois plaçoit ſes fonds en terres, & cherchoit à agrandir ſes domaines. Les contrats étoient réputés une poſſeſſion bourgeoiſe & ignoble ; aujourd'hui on vend des terres pour acheter des effets publics de tout genre, & le plus grand Seigneur ſait avec préciſion que l'emprunt de trente-ſix millions eſt à un ſix huitième de bénéfice, qu'un autre perd un & demi, il eſt en commerce avec les agens de change, il a un porte-feuille, comme un Financier : les révolutions de la place fixent ſon attention, elles ſont l'objet de la converſation des cercles : cette femme ſi belle, ſi jeune, ſi élégante, s'entretetient de la gabelle, des corvées & du crédit public, & elle a pris un amant qui a fait un mémoire sur le cours du change.

La Bruyère parle des devots, il n'y en a plus; de l'éloquence de la chaire, on ne s'en occupe plus dans le monde: les sermons & la prédication n'intéressent que quelques personnes véritablement pieuses. Il a parlé de l'importance des moindres habitans de la Cour, & de nos jours la faveur, les accès ne produisent pas des effets aussi sensibles. Il a peint les Grands, décrit leurs manières fastueuses & leur morgue imposante; & aujourd'hui il n'y a plus, à proprement parler, de grands; il n'y a plus de ces hommes qui joignant à une haute naissance les dignités & l'opulence, & fixant les regards publics par l'éclat d'une grande représentation, étoient séparés de la société de la Ville par un immense intervalle : ces grands étoient abordés alors comme des protecteurs par la plûpart de ceux qui vivent aujourd'hui dans la familiarité avec leurs descendans. La société dans ce siècle présente l'image d'un grand bal où tout est confondu, où tous ont à-peu-près le même habillement, où tous se pressent & se coudoyent. Chacun est là pour son argent & songe à son plaisir; celui qui amuse par son esprit & sa gaieté attire l'attention, & nul ne s'informe de son rang & de son état.

Du bon ton & du ridicule.

Il est une expression d'un grand usage, & dont il est difficile d'assigner le véritable sens, & l'application, c'est celle du *bon ton*. Il est certainement distinct & bien différent du bon goût, qui est de toutes les Nations & de toutes les sociétés. Le goût a un sentiment prompt qui est le principe des plaisirs de l'âme. Il s'applique aux arts, à l'éloquence, à la poésie, à tout ce qui est du ressort de l'esprit & de la pensée, & il est principalement relatif aux objets d'agrément; le bon goût se trouve dans la simplicité, & souvent la simplicité seroit contraire au bon ton. Le bon ton ne présente autre chose qu'un jargon propre à exprimer un très-petit nombre d'idées, que l'habitude d'employer des formules reçues qui se gravent d'autant plus facilement dans l'esprit, qu'il a moins d'énergie & de besoins. C'est en vérité un grand luxe & bien inutile pour les gens du meilleur ton, que la connoiffance des mots nombreux de langue Françoife, leur éducation pourroit être faite à moins de frais, & deux ou trois cents mots, avec cinquante ou foixante phrafes, pourroient leur procurer une exiftence fort agréable dans la fociété.

En y réfléchiffant attentivement, on verra que le bon ton confifte particulièrement à ne rien exprimer, à ne jamais préfenter d'idée qui foit relative aux claffes inférieures de la fociété, aux befoins de l'humanité; les gens du monde raffemblés font des êtres factices, qui ne connoiffent que l'homme habillé de certaine manière, jouiffant de certaine fortune, parlant de la Cour, des Miniftres, de l'Opéra, & de tout cela, dans des termes convenus : ce qui eft effentiellement du mauvais ton, c'eft de raifonner, c'eft d'approfondir un objet.

Celui qui eft fimple dans fes manières, qui vit en famille, qui eft occupé de foins domeftiques, eft un Bourgeois. Celui qui raifonne eft un pédant. Le goût embraffe tout ce qui eft dans la nature, & le bon ton dédaigne la nature, il exclut effentiellement la hardieffe

& la force, & perpétuellement occupé de polir, il ôte aux choses toute leur substance.

Un homme sans esprit, par la seule habitude & la fréquentation du grand monde, peut avoir un bon ton; mais le bon goût ne peut être séparé de l'esprit, & même des connoissances acquises par la comparaison.

La bonne Compagnie offre l'idée des Jardins de Marly, où les arbres sont taillés en boule, soigneusement élagués & dont une feuille ne passe pas l'autre. Si l'un de ces petits arbres s'entretenoit avec un chêne orgueilleux, que ne lui diroit-il pas, choqué de voir ses branches vigoureuses s'étendre sans symmétrie & au hasard! le petit arbre de Marly si bien façonné, diroit quelque chose d'équivalent à cette phrase, *cela n'est pas du bon ton.*

Ce qu'on appelle *le bon ton*, est essentiel à la classe des gens médiocres; mais un homme d'un esprit supérieur ne peut s'asservir à ses Loix. Il faudroit sacrifier ses idées, ou les affoiblir. Le Dictionnaire *du bon ton* n'est pas assez étendu pour lui.

Il faut un certain esprit pour démêler finement le ridicule & l'exprimer d'une manière plaisante. Mais avec une grande supériorité d'esprit, on ne trouve plus rien de ridicule ; les mœurs, les coutumes bisarres, les travers des hommes & des nations paroissent être dans la nature des choses, & ne frappent plus. On se blase sur ce qui paroît extraordinaire aux autres. On ne peut plus s'étonner : c'est ainsi qu'un homme fait n'est point affecté de ce qui surprend, ou fait rire un enfant.

Le ridicule est inventé par les esprits frivoles. Il circonscrit les idées dans certaines limites, il assujettit à un certain jargon, établit des convenances qu'il faut aveuglément suivre. Il est l'ennemi de la naïveté, de la franchise, il s'exerce sur le mérite & la vertu. L'homme de génie, l'homme doué d'un grand talent, peut en être la victime ; mais l'homme d'esprit brave ses traits. Le ridicule ne permet pas d'avoir sa hauteur : il ne faut être ni au-dessus, ni au dessous de la mesure établie dans le monde. Le ridicule présente l'image de ce tyran de la fable, qui faisoit coucher ses hôtes sur son lit, & coupoit ou allongeoit les pieds de ceux qui se trouvoient plus grands ou plus petits.

Si la mode, si la faveur, si l'éclat d'une grande action, mettent un homme en spectacle, le ridicule s'évanouit. On loue, on exalte les actions, les paroles, la contenance, qui auroient été l'objet du ridicule. Il deviendroit du bon air de boîter, d'être louche, de parler grossièrement, si ces défauts étoient le partage d'un homme célèbre.

Le plus grand des malheurs est celui où vient se mêler le ridicule.

Mettez le Roi de mon côté trois jours, disoit le Cardinal de Retz, *& je serai le maître de Paris*. Mettez-moi en faveur, pourroit-on dire, & les courtisans les plus délicats, les plus susceptibles admireront les manières & le ton qu'ils ridiculisoient la veille.

Il n'est qu'une légere cloison entre le sublime & le ridicule.

Quand un homme est célèbre, on devient juste par enthousiasme, on lui fait même un mérite d'ignorer le ton, les convenances;

on sent que cela est au dessous de lui. Les hommes médiocres semblent dire : C'est bon pour nous de savoir toutes ces choses, mais celui-ci doit les ignorer.

Des Richesses.

Un des avantages de la possession de l'argent & le plus précieux, est de hâter en quelque sorte la marche du tems & d'accélérer les événemens. Par le moyen de ce puissant agent, les distances s'abrégent, & les projets sont promptement exécutés. Les personnes qui peuvent concourir à nos vues, s'empressent d'applanir les difficultés. Il semble que l'homme riche puisse tout faire venir en serres chaudes ; il multiplie, il entasse les jouissances autour de lui : erreur fatale ! étrange duperie, que celle d'arriver si promptment au but, quand la route qui nous y conduit, est agréable à parcourir ! Le chasseur qui rassembleroit dans sa bassecour mille perdrix, auroit il un grand plaisir ? privé de l'émotion du desir, son corps & ses esprits resteroient engourdis, & il n'auroit point à s'applaudir de son adresse. C'est ainsi que la fortune traite les riches.

On raconte qu'un jour le Maître des Dieux, fatigué des plaintes de l'indigent qui répétoit sans cesse que les riches avoient tout, honneurs, puissances, plaisirs, se sentit touché : il voulut venir à son secours. C'est trop, dit-il, à la Fortune, que vous donniez les sceptres, les dignités, & que vous ayez encore à votre disposition le plaisir. Ah, dit-elle, si je ne procure pas le plaisir, ma puissance est anéantie, les dignités ne seront qu'un poids accablant, les honneurs qu'un éclatant embarras. Eh bien, dit Jupiter, je vous laisse le plaisir, mais dès que vous paroîtrez, les desirs s'éteindront. L'équilibre, ajouta-t-il, sera un peu rétabli par ce moyen. La Fortune crut que le Maître des Dieux, avoit ce jour-là trop bu de nectar. Quoi ! dit-elle, il croit me faire tort, & il augmente ma puissance. A l'instant où mes favoris éprouveront des desirs, ils seront satisfaits : l'encens sera de plus en plus prodigué sur mes autels. L'expérience prouva combien la Fortune étoit aveugle.

De l'avarice.

Les Métaux représentent des jouissances : ils doivent enflammer l'imagination de l'homme.

Chacun contemple avec délices, à leur aspect, l'instrument de son bonheur; l'homme impérieux y voit gravé l'esclavage qu'il peut imposer; l'orgueilleux les distinctions; le voluptueux sourit d'avance aux beautés qui briguent son choix; l'ambitieux applanit dans son imagination les obstacles, achète des suffrages, comble des intervalles. L'âge & le caractère établissent les différences qui existent dans le genre d'amour que l'on a pour les richesses. Le goût des plaisirs, le penchant à la volupté doivent produire l'avidité, mais non pas l'attachement à l'argent; le desir de satisfaire ses passions, & non l'ardeur de le conserver. Dans les caractères foibles & pusillanimes, l'inquiétude de l'avenir est le sentiment qui domine : on est moins affecté d'une jouissance, que de la terreur des besoins : de cette situation de l'ame naît l'avarice. Dans les Gouvernemens despotiques, où les excès du pouvoir rendent toute possession précaire & incertaine, la crainte agit plus fortement sur les esprits que tout autre sentiment. On y est plus porté à l'avarice, on veut être sans cesse rassuré contre le danger de manquer, on rassemble ses richesses, on enfouit son or : suivant l'âge & les passions, on doit desirer les richesses, comme un véhicule puissant, ou comme un port assuré, où l'on brave les révolutions du sort. Les passions qui tirent leur force de celle de l'ame, inspirent l'ardeur d'acquérir des trésors pour les répandre, & l'idée confuse du pouvoir qui en est inséparable, les rend encore d'un plus grand prix pour l'ambitieux. C'est par ce motif que Sylla, Pompée, César, rassemblèrent d'immenses richesses; ils employèrent leur secours pour se placer au rang que la nature sembloit leur avoir destiné.

La jeunesse est l'âge des goûts vifs, des desirs tumultueux, des passions ardentes, & c'est l'époque de la vie où l'avarice exerce le moins son empire. Le desir des jouissances est trop vif dans la jeunesse, pour qu'elle se contente du signe qui les repréfente: ce seroit ressembler à ces politiques aveugles qui font consister dans la possession des métaux, la prospérité des nations. L'idée d'un moyen prompt est toujours liée dans la jeunesse avec celle de l'argent, & le besoin pressant d'en user sans cesse, s'oppose à ce qu'à cet âge on en possède, à ce qu'on en soit possédé.

On croiroit en considérant l'ardeur impatiente des passions de la jeunesse, que la vie ne doit durer qu'un jour; à l'aspect des précautions du vieillard, qu'elle doit être éternelle. C'est que dans la jeunesse, le desir est extrême, & la crainte sans bornes dans un âge avancé. Par ces raisons, les ames fortes & la jeunesse qui est l'âge de la force, doivent être avides, & ne pas connoître l'avarice. L'affoiblissement des goûts & celui de la machine qui en est le principe, rendent l'ame inquiette & craintive. C'est l'époque où l'avarice s'empare du cœur de la plupart des hommes. Elle survit à tous les goûts; elle établit son trône sur leurs débris, & semble redoubler à mesure que les forces déclinent. La vie humaine est partagée entre deux règnes, celui de l'espérance & celui de la crainte. Le cœur & l'esprit sont successivement agités par leur puissante influence. Le vieillard est subjugué par la crainte. Il semble ne vivre que dans le passé, époque des forces qu'il n'a plus, du bonheur dont le souvenir l'attendrit & le désespère. Tout semble s'éloigner de lui. Ses rapports avec les autres deviennent de jour en jour moins nombreux; ses liaisons s'affoiblissent. Délaissé, isolé, il sent que son

V.

existence pèse aux autres, & que ses héritiers en comptent les instans. Ses jours languissans n'offrent plus cette longue perspective, qui attache les autres par l'espoir de partager d'heureuses révolutions ; sa vie ne peut plus offrir de scènes qui intéressent. C'est alors qu'il s'attriste dans la contemplation de son néant. Effrayé de sa foiblesse, irrité de l'oubli, il cherche un soutien au milieu de l'abandon général, & sa fortune lui offre une ressource assurée. Son bonheur lui paroît dépendre entièrement de sa conservation, de son accroissement. La triste expérience a fait connoître au vieillard le néant de l'amitié, l'a convaincu que l'intérêt seul gouverne les hommes, qu'on ne peut se les attacher que par ce lien indissoluble. Il est insensible aux privations qu'il s'impose ; il sait que la possession seule des richesses suffit, pour échapper au mépris inséparable de la pauvreté. Comme la crainte, enfant de la foiblesse, ravage sans cesse son imagination, il faut que la présence de son unique soutien le rassure sans cesse, que sa fortune soit sous ses yeux, qu'elle soit portative, qu'elle puisse être en tous lieux sa compagne fidelle. Cette possession seule peut le rassurer, & c'est avec délices qu'il contemple sa fortune rassemblée sous ses yeux. Dans elle il voit l'indépendance ou la domination, des moyens de corrompre les femmes qui remplacent les moyens de leur plaire, le soulagement de ses maux, l'instrument de ses vengeances contre l'ingratitude, enfin un attrait puissant offert aux soins & aux ménagemens. Ces détails prouvent que c'est de la foiblesse, de la destruction des facultés, que naît cet amour déréglé des richesses, qui se contente de leur contemplation, & redoute leur jouissance.

Il s'est trouvé quelquefois des gens au dessous de tout par leur naissance & leur esprit, au-dessus de tout par leurs richesses. Il n'y avoit pas de place pour eux dans la société : c'étoit des hommes à part, tour-à-tour méprisés & flattés.

L'homme qui n'a de supériorité que par la richesse, est intéressé à s'exagérer les avantages de la fortune qui le distingue. Il ne met de prix qu'aux talens qui conduisent aux richesses, tous les autres ne sont à ses yeux que de vains amusemens de l'esprit. Si Voltaire a quelque part dans son estime, c'est parce qu'il a su se procurer une grande fortune. La finance lui paroît le plus ferme appui d'un état ; &

si on lui disoit qu'il existe un Pays sans financiers, il se mettroit à rire comme un Roi de Pégu, en apprenant qu'il n'y avoit pas de Roi à Venise. Il est dur par le souvenir de son ancien état : c'est ainsi que les Nègres devenus libres sont des maîtres cruels. Le passage rapide de la poussière d'un bureau à l'habitation d'un palais magnifique, ne lui a pas permis de connoître aucune des nuances de la politesse, des convenances de la société : il ne sait être que bas ou arrogant. Sa vie est partagée entre les langueurs de la satiété & l'ivresse de la fortune (1).

Le pauvre est sans cesse entraîné à l'oubli de lui-même par le besoin qui l'asservit ; le riche à l'oubli des autres par la distance où il se trouve d'eux. Trop séparé du reste des hommes, il ne peut pas plus avoir d'amis que les Rois. Ce n'est qu'à prix d'argent qu'il obtient les complaisances de l'amour & de trompeuses démonstrations d'estime ou d'amitié. Au moment où sa table est couverte de mets exquis, où sa bonne chère est à l'envi célé-

___
(1) *Va malheureux, va cuver ton or*, disoit un jour un homme d'esprit à un financier dont l'arrogance le révoltoit.

brée, il s'enivre de ces louanges, comme si elles lui étoient personnelles. Il se fait justice. Il s'oublie pour se transformer en quelque sorte, en perdrix délicieuses, en vin de Tokai.

Le mercenaire vend ses bras au riche pour une subsistance indispensable & grossière : l'homme du monde plus vil lui vend quelquefois son esprit, sa liberté pour des mets recherchés.

Mondor habite un palais dont la magnificence le fait quelquefois intérieurement rougir. Il contemple sans plaisirs les chef-d'œuvres de l'art dont ses appartemens ne sont pas ornés, mais tapissés. Il n'en connoît l'excellence que par le prix qu'il en a donné. On est peu curieux de voir sa personne, & on demande avec empressement à voir sa maison. Il la montre & il en paroît plutôt le concierge que le maître. Il estropie, il confond les noms des peintres & des sculpteurs. Tout est entassé chez lui ; l'œil ne sait où se reposer : on croit être dans un vaste magasin, & on en sort fatigué & dégoûté de la richesse. Un homme si opulent n'est point heureux. Son ame est engourdie par la satiété ; ses sens sont blazés, son esprit est sans besoins, sa vanité est dégoûtée d'un fade encens. Que fera-t-il des biens immenses qu'il possède ? Qu'il soulage, dira t-on, des malheureux ! Il l'a tenté ; mais il a cessé, dit-il, ses charités par la crainte d'encourager le vice & la paresse. Qu'il secoure un honnête-homme embarrassé dans ses affaires ! Il a encore obligé ces jours passés un homme puissant & accrédité, & lui a prêté pour acheter une charge considérable, un million à cinq pour cent, hypothèqué sur un bien énorme. Mondor ne prête point au hasard ; celui-là seul peut compter sur ses secours, qui est assez élevé par son rang pour flatter sa vanité, & assez riche pour offrir des sûretés à l'abri de tout évènement. Les services que vous rendez, les plaisirs qui s'offrent à vous en foule ne suffisent pas, Mondor, pour animer votre vie, pour dissiper les langueurs de la satiété..... J'ai bien réfléchi à votre situation. Il ne vous reste d'autre parti à prendre pour vous occuper, pour employer vos richesses & intéresser votre ame, que de travailler à augmenter vos richesses,

De la médiocrité.

La médiocrité en tout genre assure le bonheur, & des succès à la longue. L'homme d'esprit connoît à-peu-près ses limites, il se compare, & n'est pas toujours par conséquent content de lui-même. Le sot est trop souvent averti de son impuissance, pour ne pas se sentir humilié. L'homme médiocre est le seul mortel heureux, soit qu'il descende en lui-même, soit qu'il se répande au-dehors : l'imagination ne l'entraîne jamais, & il se glorifie d'être exempt de ses écarts. Il cite avec satisfaction les erreurs, les fautes des gens d'esprit. La froideur, la lenteur du sien sont à ses yeux du jugement, de la sagesse, de la raison. C'est un pilote sur une petite barque, qui ne quitte pas la côte, & qui est plus occupé de compter les naufrages des vaisseaux qui voguent en pleine mer, que les succès de ceux qui arrivent à bon port.

Adraste n'a rien de remarquable dans toute sa personne. Il ne prime nulle part, mais il n'est jamais confondu. Il est considéré à la cour, accueilli avec empressement à la ville.

C'est lui qu'on consulte sur un mariage, sur un procédé, sur la conduite à tenir dans une occasion délicate ; son avis circonspect ne tranche point les difficultés, & ne lui fait jamais d'ennemis. Ce n'est point un de ces hommes annoncés de bonne heure pour remplir les premieres places, & qui fixent l'attention publique. Adraste est seulement toujours désigné pour parvenir sûrement à l'emploi au-dessus de celui qu'il occupe ; placé à distance égale entre l'envie & le mépris, il chemine, sans être arrêté, vers son but. Dirai-je qu'Adraste a de l'esprit ? Cela est impossible. Qu'il en est privé entièrement ? Ce seroit une injustice. Il n'a jamais rien pénétré à fonds, l'outil lui manque ; mais il a une teinture superficielle de beaucoup d'objets, & il se complaît surtout dans les détails. Il a de quoi fournir quelques instans à la conversation dans chaque cercle ; c'est une sérinette qui joue quelques airs : ses propos sont accommodés au courant général des idées, sa probité est exacte & minutieuse, & tous ses procédés ont quelque chose de froid & de compassé. Il est sage dans ses discours, mesuré dans sa conduite, & c'est sans effort ; il n'a jamais à réprimer l'élan de l'ame & la vivacité de l'esprit. Vous n'êtes encore, Adraste, qu'au milieu de votre carrière, vivez, & une grande fortune vous est assurée. Eh! que sait-on, il ne faut peut-être qu'un hasard heureux, pour donner de vous l'idée d'un grand homme! vous excellez, Adraste, dans votre genre, vous êtes un homme de grande capacité pour les sots, vous êtes enfin un des premiers parmi les médiocres.

Les gens médiocres ont un parti tout fait, il est composé de tous ceux que la supériorité de l'esprit & les talens offusquent: ils sont prêts à prôner les gens médiocres par la même raison qui fait exalter les anciens & louer les morts.

De la force & de la puissance.

Dans les vertus & la plûpart des actions, la force qui en est le principe, est ce que nous admirons sans nous en rendre compte.

Les larmes qu'on s'efforce de cacher sont les plus touchantes, parce que la violence qu'on se fait, montre à la fois le courage & la sensibilité.

Le déréglement dans tout genre est souvent l'effet de l'impuissance & d'un esprit malade qu'on veut réveiller par des rafinements singuliers, la passion, qui ne peut être complettement satisfaite, s'irrite & saisit tour-à-tour des ombres de jouissance qui lui échappent sans cesse: l'amour d'un impuissant est un horizon sans bornes.

L'idée de la force, de la puissance, en tout genre, prévient l'imagination, & attire même ceux qui n'en peuvent attendre aucun avantage. Les femmes les plus vertueuses méprisent les impuissans. Le maître le plus généreux, le plus humain, voit insensiblement ses valets préférer son fils, séduits par l'attrait de la jeunesse qui présente l'image de la puissance.

L'âge des passions & des talents est l'époque de tous les succès. A cet âge seul on peut inspirer l'enthousiasme & exciter un tendre intérêt. Il faut mourir jeune, comme Alexandre & Germanicus, pour laisser une mémoire chère, un nom éclatant, un souvenir agréable. Quand on se figure Mitridate avec une longue barbe, on convient froidement de ses talens & de son courage.

On aime à contempler l'homme dans toute sa force & dans le moment d'énergie des passions. Les idées de dégradation & de foiblesse diminuent de l'admiration. Une belle femme enlevée à la fleur de son âge, ne présente à la postérité que l'idée des agrémens & des charmes qui faisoient sa célébrité. Ninon qui a été belle & qui a vieilli jusqu'à la caducité, offre l'image d'une vieille femme spirituelle & philosophe, tandis que madame de Montbazon ne rappelle que l'idée de la beauté. Il est pour chacun un âge pour mourir.

Un avare se prive du nécessaire ; on sait qu'il est incapable de rendre le plus léger service, qu'il est dur & insensible. Il ne se permet aucune jouissance que les autres puissent partager. Rien ne semble donc devoir lui attirer des égards particuliers. Cet avare cependant est plus considéré, fait un plus grand effet dans une chambre, qu'un honnête homme sans fortune. On respecte en lui une puissance dont il n'use pas ; & la certitude qu'il n'aura rien à demander, est encore un motif de le bien traiter.

C'est une erreur de croire que les hommes

absolument d'intérêt. Si les anciens l'emportent dans ce genre de poésie, les tragédies de Corneille, de Racine, de Voltaire, de Crébillon, de Schakespeare, de Dryden, de Metastase, ne peuvent-elles pas être mise en opposition avec deux poëmes, & balancer l'avantage des anciens ? Sophocle & Euripide, (car je ne parlerai pas des déclamations tragiques de Sénèque), ont servi de modèles aux auteurs modernes : Racine, sur-tout, leur doit beaucoup. Mais n'a-t-il pas surpassé ses maîtres ? Les grands effets produits aux représentations des pièces grecques, sembleroient déposer en faveur des anciens & leur assurer la prééminence. Pour juger d'après ces effets du mérite des pièces, il faudroit établir la différence que devoit apporter la sensibilité des auditeurs. Elle étoit extrême chez les Grecs, & l'art des acteurs, l'harmonie de la langue, l'intérêt des événemens devoient contribuer beaucoup au succès des pièces.

Le Pline moderne, par sa sagacité, l'étendue du génie, la majesté du style, est certainement au-dessus de l'ancien.

Nos comédies sont supérieures à celles de

Plaute & de Terence, si peu variées dans leurs intrigues, & souvent si froides. Quel auteur ancien peut être comparé à Moliere, & même à Regnard? Le théâtre françois s'est encore enrichi depuis d'une foule de pièces, dont le mérite est consacré par des succès constans. Enfin la Métromanie réunit par le choix d'un sujet heureux, ce que le vrai comique a de plus piquant à toute la pompe de la poésie.

L'art Poétique de Boileau, ses Épitres, celles de Voltaire & de Pope peuvent soutenir avec succès le parallèle avec les épitres d'Horace, & son art poétique. Les belles odes de Rousseau ne sont pas inférieures pour l'harmonie à celles de Pindare & d'Horace, & les pièces fugitives de Voltaire n'ont point de modèle dans l'antiquité.

Les orateurs & les historiens de l'antiquité ne trouveront pas aussi facilement des rivaux, & plusieurs raisons ont déterminé leur supériorité en ce genre. La forme du gouvernement qui ouvroit à l'homme éloquent le chemin des plus grands honneurs, l'importance des matières qui faisoient l'objet des discours, l'énergie des ames républicaines, nous indiquent pourquoi l'éloquence a dû faire de si grands progrès parmi les anciens. (1) Un peuple entier éclairé sur ses intérêts, sensible à l'harmonie, habitué aux émotions, écoutoit avidement les orateurs, & le suffrage de ce peuple ne se bornoit pas à de vains applaudissemens. Les honneurs, les dignités, le commandement étoient décernés à ceux qui avoit su dominer les esprits par la parole. Quelle devoit être l'explosion des talens animés, stimulés par d'aussi puissans motifs ! l'espérance ou la crainte excitées par les gestes & les mouvemens d'une multitude agitée, pressoient de tous côtés l'ame & l'esprit, les

---

(1) On pourroit mettre en comparaison avec les plus beaux discours des anciens, quelques oraisons funèbres de Bossuet & de Flechier, quelques sermons de Bourdaloue, &c. Mais il est ici question de l'art de l'éloquence qui étoit le principe moteur & décisif de toutes les délibérations, qui entraînoit la multitude, qui frayoit la voie aux honneurs ; de cet art de la parole qui est particulier aux Républiques. Il y avoit certainement un plus grand nombre d'hommes éloquens, & l'étude de tout ce qui peut concourir à augmenter le prestige de la parole, étoit l'objet de l'application générale.

élevoient au dernier dégré de puissance & d'expression.

Les langues anciennes au moyen des breves & des longues, ont une harmonie particulière. Les inversions donnent plus de mouvement à la prose & aux vers, rompent l'uniformité d'une marche méthodique. Tout étoit musical chez les anciens dans leur récit, dans leur conversation, dans leur déclamation & les harangues : les loix mêmes étoient notées chez les Grecs : le crieur public étoit assujetti à une déclamation qui étoit une espèce de chant. (1) Ce ne sont pas seulement les auteurs anciens qu'il faudroit comparer ; c'est le peuple Grec & Romain qu'il faut opposer aux peuples modernes. L'ame du peuple en Grèce & à Rome étoit susceptible des plus vives, des plus rapides impressions. Son goût étoit sans cesse exercé par le spectacle des chefs-d'œuvre de l'art dans tous les genres. La mul-

---

(1) Caïus Gracchus se faisoit accompagner, lorsqu'il haranguoit, par un joueur d'instrument à vent, qui lui donnoit le ton.

titude étoit passionnée, & toujours agitée de quelque intérêt. L'habitude de voir rechercher son suffrage, lui inspiroit un noble orgueil. Le dernier des citoyens tué à la guerre, étoit honoré de funérailles publiques; on jettoit des parfums sur son bûcher, & les plus illustres personnages prononçoient son oraison funèbre, célébroient ses vertus & son courage.

Au lieu d'un peuple délicat, sensible, fier de sa puissance, nous n'avons qu'une populace ignorante & grossière, & beaucoup de gens supérieurs par leur état ou leurs richesses, ne méritent pas d'être distingués de la populace par le savoir & le goût. Il n'y avoit chez les anciens aucun intervalle entre un artiste célèbre & les personnes les plus éminentes. Tout ce qui excitoit des émotions dans l'ame, avoit des droits puissans sur des hommes sensibles, délicats, passionnés. La jeunesse s'empressoit d'entendre les philosophes, & leur séduction étoit aussi forte que celle des Phryné & des Laïs.

Le génie républicain étoit également plus

favorable au genre de l'histoire. Il donne plus de hardiesse pour dire la vérité. Tacite s'exprime ainsi sur ce sujet. « Des Ecrivains illustres, dit-il, ont rapporté les événemens remarquables des premiers tems de Rome, & ceux du règne d'Auguste ; mais il vint un tems où la nécessité de la flatterie dégoûta d'écrire l'histoire ». Si la hardiesse des pensées & la rapidité du style assurent le premier rang aux anciens historiens, il faut avouer aussi que leur talent avoit, pour s'exercer, des sujets plus intéressans, que ceux que présente notre histoire moderne. Comment lire sans dégoût les anciennes annales de la France, celles de l'Angleterre, de l'Empire Germanique & des autres peuples du Nord ? Tout est barbare, jusqu'au nom des héros, plus dissonans que ceux des Iroquois. Quel courage ne faut-il pas, pour s'enfoncer dans les broussailles où sont ensevelis quelques monumens de nos anciennes constitutions ? Il faut chercher dans des chartes, dans des registres d'Abbayes, les vestiges de nos Coutumes ridicules, contradictoires, de nos loix confuses. Aux fêtes & aux jeux des anciens, comparons les Cours plénières de nos Rois.

Quelle stupide magnificence, que celle d'un temps où, dans les jours d'apparat, on servoit les Rois à cheval ! En vain on s'est plû à trouver de la naïveté dans notre ancien langage : grossiereté & simplicité populaire, voilà véritablement le caractère que présente la langue avant François I.

Il est peu d'historiens parmi les modernes qui puissent être mis en parallèle avec Thucidide, Xenophon, Salluste, Tite-Live, & Tacite sur-tout. Hume & Robertson paroissent être ceux qui suivent de plus près leurs traces. Peut-être les auroient-ils atteints, s'ils avoient écrit dans leur langue, s'ils avoient eu des tableaux aussi intéressans à peindre. Tacite ne pouvoit s'élever à la hauteur qui caractérise ses pensées, que dans un siècle où se conservoit encore le souvenir des défenseurs d'une république mourante, où l'effervescence donnée à tous les esprits, par un long exercice de la liberté, s'étoit impétueusement portée vers les crimes & les excès de l'autorité. Des ames habituées à des sentimens extrêmes, pouvoient seules outrer les vices, comme on avoit, si j'ose le dire, outré les vertus.

Les anciens font bien supérieurs encore dans la partie des arts. Les statues Grecques ont une vérité, une noblesse à laquelle les modernes peuvent difficilement atteindre. Les formes Grecques servent encore de modèles pour les belles proportions. Les plus beaux plans d'architecture sont imités des anciens monumens.

Je crois qu'on peut trouver la cause de la supériorité des anciens à cet égard, dans leur organisation, dans le climat. L'air est plus pur en Grece, plus léger, la vue porte plus loin dans cette contrée, que dans nos climats. L'organisation des Grecs étoit plus fine, leur imagination plus vive, leur ame plus sensible aux diverses impressions. Ils avoient par conséquent un sentiment du beau plus juste, plus rapide. Cette influence du climat étoit connue anciennement, & l'air épais de la Béotie étoit remarqué, & opposé à l'air vif & pur de l'Attique.

La nature du gouvernement joignoit son

influence à celle du climat, pour les progrès dans les arts, comme pour tous les objets qui intéressent l'esprit. La liberté inspire un noble sentiment de soi-même : dans les Pays où la carrière des honneurs est ouverte à tout citoyen, où la supériorité & la célébrité dans tout genre élèvent au premier rang, l'essor de l'esprit doit être plus animé. L'ame y jouit aussi d'une sécurité qui lui permet une entière application à un objet.

Dans les pays républicains tout est soumis au jugement de la multitude, & ses applaudissemens vrais, sentis, impétueux, éclatans, excitent dans l'ame le plus vif enthousiasme, réveillent puissamment toutes ses facultés. La même émulation peut se rencontrer dans les pays Monarchiques; mais il faut que le Monarque soit animé d'un sentiment vif pour les talens, pour les arts, qu'il soit vivement aiguillonné de l'amour de la gloire. Auguste, Léon X, Louis XIV, ont donné leur nom au siècle où ils ont vécu, & leur propice influence a multiplié, autour d'eux, les chef-d'œuvres dans tous les genres. Auguste conversoit avec Virgile & Horace; le palais de Léon

Léon étoit ouvert à tous les savans. Louis XIV dit un jour à Boileau en regardant sa montre: *songez que j'ai toujours une heure à vous donner par semaine.* Au moyen de pareils encouragemens, plus efficaces que les dons, le génie prend un grand essor dans les Monarchies. Le Prince y peut tout; il peut créer en quelque sorte: mais il faut qu'il ait un sentiment, une volonté. Dans les républiques, tout dérive de la constitution.

Je viens de parcourir rapidement les différens genres, où les anciens ont excellé. Il en résulte, qu'en poësie, si l'on excepte le poëme épique, ils ont des égaux, & qu'il est des genres de poësie, où les modernes les ont surpassés; que les anciens l'emportent pour les orateurs, les historiens & les beaux arts, la musique & la sculpture, à l'exception de la peinture, dans laquelle on peut accorder la prééminence aux modernes; qu'ils nous étoient supérieurs pour la danse, la déclamation; qu'il est même des talens, dont les organes grossiers des peuples modernes ne peuvent se former une idée, comme cette partie de la musique qu'ils appelloient hipocritique, qui consistoit dans l'art de contrefaire,

Y

d'imiter, qui régloit les gestes convenables dans chaque situation. L'art des gestes étoit, chez les anciens, de la plus grande importance. Ils savoient multiplier les expressions des sentimens ; ils en faisoient sentir les nuances & les dégrés. Tout étoit harmonie chez les anciens, & l'on disoit en Grece, faire un solécisme avec la main, pour dire qu'un geste étoit faux. Ce n'étoit pas un petit nombre de gens délicats, qui étoit sensible à ces divers genres d'harmonie, c'étoit le peuple entier qui avoit la fureur des spectacles, & dont l'ame étoit ouverte aux plus délicates impressions.

Tout contribuoit chez les anciens à la perfection des arts, & Rubens a pensé que les exercices fréquens donnoient à leurs corps une plus parfaite conformation, qui présentoit aux artistes de plus beaux modèles, & faisoit valoir leurs ouvrages. Ils avoient des plaisirs plus vifs que nous & plus de sensations, parce qu'ils avoient plus de sensibilité. Il semble que les beaux jours de la Grece offrent le spectacle de la jeunesse du monde, du printems de la vie, où tout est émotion, ou tout est plaisir. Quand le sang est glacé par l'âge, on a peine à concevoir les émotions, la fougue, les plaisirs de la jeunesse ; tel est peut-être l'état des modernes. A peine pouvons-nous imaginer la sensibilité extrême des anciens pour les arts, & les sensations qu'ils éprouvoient, qu'ils avoient su en quelque sorte se créer.

Il n'est pas jusqu'à l'esclavage, qui ne fût une source de talens. On instruisoit les esclaves dans la philosophie & les arts. Des maîtres humains les regardoient comme les enfans de la maison, & recueilloient le fruit de l'éducation qu'ils leur donnoient. D'autres en faisoient un objet de spéculation, & vendoient un prix considérable, ceux qui avoient des talens distingués (1).

Il faut encore ajouter en faveur des anciens, qu'ils ont plus promptement atteint le terme des talens. Il nous a fallu dix-sept siècles, malgré les chefs-d'œuvres qu'ils nous ont laissés, pour former notre langue & nous traîner sur leurs traces. Ils ont fait le chemin

---

(1) On voit dans une oraison de Cicéron qu'un esclave fut estimé plus de 60,000 livres de notre monnoie.

en six ou sept cens ans, à partir des tems fabuleux & de la fondation de Rome. Le premier élan des anciens fut très-rapide. Homère fleurissoit dans les premiers tems de la Grece, & l'époque de la fondation de la république d'Athènes, est celle où vivoient les sept Sages. Les Gaulois étoient aussi avancés dans la civilisation, du tems des premiers Rois de Rome, que les Romains, & ce n'est qu'après vingt siècles, qu'ils se sont élevés à peu-près à leur niveau dans quelques genres. D'où peut venir une telle inégalité, sinon de la différence des institutions & du climat?

Les gouvernemens des diverses contrées de la Grece, furent instituées par des hommes éclairés. Nos gouvernemens modernes ont presque tous, au contraire, des fondateurs barbares. Il y avoit, chez les anciens, un plus grand nombre de gens éloquens, instruits; comme de nos jours, nous voyons à Geneve un plus grand nombre de gens éclairés, que dans des villes six fois plus considérables.

Il est à présumer que les anciens l'emportoient aussi par l'esprit d'agrément & les qualités brillantes & aimables. Cicéron dit que les Athéniens ne pouvoient rien entendre, qui ne fût élégant & pur. Les talens de l'esprit étoient, chez les Grecs & les Romains, l'objet de la prétention, & l'ambition des jeunes gens étoit de parler en public.

Les gens aimables plus animés, plus sensibles, enrichis de connoissances dans tous les arts, devoient être fort supérieurs aux *agréables* de nos jours: il faut convenir aussi que les fats anciens devoient aussi l'emporter sur les nôtres, quelque porté que l'on soit à rendre justice aux modernes à cet égard. La plupart des jeunes-gens de nos jours ressemblent à ces vins trop verds dans les premières années, & plats dans leur vieillesse. Il en est qui séduisent par quelques agrémens : mais avons-nous l'idée d'un Alcibiade, en qui éclatent les plus brillans avantages de la nature, gouvernant le peuple d'Athènes séduit par ses graces & son esprit, faisant résoudre la guerre par son éloquence, & choisi par ses talens pour la conduire, déterminant la paix & présidant aux traités, se conciliant l'affection de Socrate & de Périclés, & regnant sur les femmes par les charmes de l'esprit & de la figure?

A la vie d'un jeune-homme de nôtre siècle que l'on compare celle d'un Athénien, qui entend discuter les intérêts de sa patrie, qui donne son avis sur la paix ou la guerre, qui entraîne le peuple par son éloquence, qui s'élève avec Socrate & Platon dans la plus haute sphère de la raison, qui se rend ensuite sous de magnifiques portiques, pour entendre réciter les plus beaux vers d'une manière expressive & harmonieuse, dont les yeux sont à chaque instant frappés du spectacle des plus beaux monumens, de chefs-d'œuvres de peinture & de sculpture; dont l'ame s'enflamme à la vue des statues de son pere, de son frere, de son ami; qui donne des fêtes à un peuple aimable & éclairé, qui se rend aux jeux olympiques, & dispute les prix aux plus éminens de ses concitoyens, aux villes & aux souverains.

Un tableau de comparaison non-moins frappant en faveur des anciens, se présente à l'esprit : c'est celui des hommes d'état, des hommes vertueux. Il me faudroit faire un abrégé de l'histoire grecque & romaine, si j'entreprenois de prouver par des faits la supériorité des anciens dans ces emplois sublimes des facultés humaines. Je me contenterai d'assigner la différence des mobiles, qui déterminoient l'homme de l'antiquité, & celui de nos jours. La puissance ou la foiblesse de la force motrice, feront présumer les effets. Dans les gouvernemens de la Grece & de Rome, tous les citoyens étoient également appellés aux grandes places ; le talent de la parole, la valeur, l'enthousiasme de la chose publique, un esprit supérieur, une ame énergique, frayoient la voie à tous les honneurs. Il s'ensuivoit que l'émulation étoit vivement excitée dans toutes les ames, qu'un plus grand nombre faisoit l'essai de ses forces. Le peuple étant le Juge suprême des talens, des qualités, de la conduite, l'ame n'étoit point retrécie par la nécessité de la souplesse. Il falloit plaire au peuple, j'en conviens ; mais c'étoit par de grandes actions, c'étoit par l'éloquence. On employoit la brigue, mais cette intrigue même demandoit une grande étendue d'esprit, exigeoit des qualités brillantes, de la générosité, de la popularité, la connoissance enfin des divers penchans des hommes. Quelle différence entre cette intrigue, & celle qui enchaîne dans l'antichambre d'un protecteur, & qui n'exige que la connoissance de ses foiblesses ; entre la souplesse qui engageoit à se prêter au caprice d'un peuple ardent, volage, spirituel, sensible & passionné, & celle qui porte à affronter les rebuffades d'un suisse, les dédains d'un valet-de-chambre, pour pénétrer dans un cabinet où l'on trouve un homme distrait & embarrassé de la plus légère discussion, qui prononce de temps en temps un lieu commun avec emphase, indique promptement du geste & de l'œil la porte, & vous renvoie enfin à un subalterne, dont il faut caresser la médiocrité & tolérer l'importance !

Ce qui assure particulièrement la prééminence aux anciens, c'est que les grands hommes n'étoient pas bornés aux talens d'un emploi : Ils étoient à la fois généraux, politiques, orateurs, hommes de lettres. Il est, parmi les modernes, de grands hommes d'état, de grands capitaines ; mais en général ils ne brillent que par un genre de talent. Il est des gens illustres dans les nations modernes, à qui le goût, les talens de l'esprit, les arts étoient aussi étrangers, qu'à ce calife qui fit brûler la bibliothéque de Constantinople. Dans les temps actuels, chacun est borné à l'exercice de son emploi, & semble plein de mépris pour ce qui lui est étranger. Le juge qui a fait son droit, & qui sait l'ordonnance, regarde les lettres comme un frivole emploi de l'esprit. Le public même, perdant le souvenir des l'Hôpital, des Harlay, des Lamoignon, est porté à conclure contre le mérite & l'application du Magistrat qui auroit le goût des lettres. Tout ce qui sort de l'orbite d'un emploi, paroît en général une folie, une dissipation à l'étroit génie de la plupart des modernes : il semble qu'il ne puisse contenir qu'un genre. N'oublions pas qu'on a dit dans le temps que l'esprit des loix parut, que ce n'étoit que de l'esprit sur les loix.

Je ne m'étendrai pas sur la vertu des anciens. La liberté est le foyer de tous les sentimens généreux, des grandes pensées, le mobile des actions sublimes. Quand on aime la vertu, il semble qu'on revient toujours aux républiques. C'est l'âge-d'or, qu'on se plaît à contempler dans son imagination.

Je n'ai point parlé des philosophes, des physiciens, des médecins. Ces diverses parties tiennent beaucoup à l'observation & à l'expérience. Il me suffit d'avoir remarqué, que les anciens ont été plus promptement éclairés que les modernes, qu'ils ont volé dans la carrière, où les autres se sont traînés. Ils ont été fort loin en morale & en politique. Nous avons pû à cet égard les surpasser; mais notre supériorité ne peut être attribuée qu'au laps des temps, à la progression des lumières accumulées. L'antiquité est un génie précoce & sublime, éteint au milieu de sa carrière. On ne doit pas imputer à son désavantage, ce qu'il n'a pas eu le temps de concevoir & d'exécuter : d'après la marche rapide des anciens, on doit tout présumer en leur faveur. Si une tortue parcourt dans un jour un espace, au milieu duquel le cerf aura péri, ferai-je honneur à la tortue d'avoir atteint le terme ? On doit croire, à ce qu'il me semble, que l'antiquité auroit produit plus promptement un Bacon, un Newton, un Montesquieu, un Buffon ; mais ces génies supérieurs n'en font pas moins pencher la balance en notre faveur, pour l'étendue & l'élévation du génie. Si les anciens l'emportent en talens, & dans tout ce qui tient au sentiment, ils doivent cette prééminence à leur langue, au climat, au gouvernement. Ce n'est pas l'esprit, ce ne sont pas les talens des modernes que j'oppose aux anciens. Voltaire né en Grece, ou à Rome, eût été encore supérieur à ce qu'il est. Le peuple, les nations anciennes en masse, étoient plus éclairés, plus sensibles. Voilà principalement ce que j'ai tâché de prouver.

J'ai fait voir ce qui élevoit, animoit les anciens : je vais tâcher d'exposer ce qui ravale, rétrécit les modernes. Les grands talens sont inutiles, pour parvenir à une haute fortune. L'élan d'un coursier vigoureux étoit nécessaire aux courses olympiques ; la marche sûre & lente du mulet convient dans le chemin tortueux de la fortune, dans le sentier glissant des cours. Lorsqu'un état est affermi, lorsque son intérieur est calme & sa situation solide, une allure facile entraîne tout d'un mouvement égal ; il ne faut que maintenir, & les esprits sages suffisent. On lit dans Thucidide qu'il ne falloit pas de grands génies pour le gouvernement, & cette vérité est applicable à beaucoup de circonstances. De même que, par l'invention des machines simples, la méchanique donne les moyens de se passer d'un grand nombre d'hommes, de même par les réglemens & les formes, les gouvernemens tendent à se passer des hommes de génie. Mais aussi pour les juger inutiles, il seroit nécessaire de s'assurer que le régime fût aussi parfait qu'il puisse être. Si l'organisation politique est vicieuse, ses vices se multiplieront, s'accroîtront par l'esprit de routine : de temps en temps il faut ranimer la machine par l'impulsion du génie.

La différence des récompenses est un obstacle aux efforts de l'esprit. Ces génies sublimes dont l'antiquité seule nous donne des exemples, comme elle nous offre ces grands monumens qui étonnent notre imagination ; ces hommes célèbres auroient-ils de nos jours la même élévation ? Le foyer de l'ambition n'étant plus le même, l'explosion du génie seroit plus foible. Comparons les honneurs du triomphe, des statues érigées, des fêtes publiques instituées, avec la distinction d'un cordon ; les dépouilles des plus riches nations avec une pension, les acclamations de la multitude avec le froid éloge d'un homme en place ; on jugera facilement, comme je l'ai dit, des effets par le principe. L'excellence du gouvernement monarchique consiste à faire tout, aux moindres frais possibles, à se passer de grands hommes. C'est une mer calme & sans écueil, où il n'est pas aussi nécessaire d'avoir des pilotes habiles, que dans une mer agitée. C'est dans les troubles des républiques que croissent & se manifestent les grands hommes. Ce sont des éclairs qui brillent au milieu des orages. Regrettons-nous les temps de la ligue, parce qu'ils nous présentent une foule de grands hommes? Le Balafré & l'Amiral de Coligny ne peuvent exister dans un état bien gouverné. L'intrépide Molé ne seroit de nos jours qu'un Magistrat intégre; il n'auroit pas déployé ses vertus & son courage. Le Cardinal de Retz ne seroit qu'un intrigant, ou un débauché obscur.

Si les grands talens sont inutiles pour les grandes places, excepté dans un temps de crise, il est évident aussi que les hommes véritablement supérieurs ne desireront pas de s'y élever; & si quelque coup du sort, ou les lumières du Prince les y appellent, ils ne pourront s'y maintenir qu'avec peine. Un homme éclairé voit d'un coup d'œil les choses que lui seul peut concevoir & exécuter, & s'il est obligé d'y renoncer, s'il se trouve réduit à ne faire que celles qui sont à la portée de tous, il se dégoûtera bien vîte. Il pourroit encore arriver que négligeant ces petits détails, dans lesquels se complaît la médiocrité, peu instruit de formes minutieuses, il soit jugé d'autant plus incapable, que son génie sera plus élevé. De pareils hommes aimeront mieux éclairer leur siècle, qu'employer leur temps à des fonctions imposantes par leur objet, mais qui ne demandent que des facultés communes. Montesquieu a refusé, dit-on, une grande place qui lui fut offerte, comme un Athlete vigoureux dédaigne de descendre dans l'arène avec un foible adversaire. L'Europe doit lui savoir gré d'avoir préféré la gloire de l'instruire, à l'éclat passager d'une place, que tout autre pouvoit remplir. Quel emploi pouvoit être digne d'exercer son génie, le mettre à portée de manifester cette profondeur qui remonte aux causes les plus cachées, cette étendue qui embrasse les rapports les plus éloignés, ce talent de rendre d'une manière vive, concise & brillante, les plus sublimes conceptions? Il y a, en général, dans les gouvernemens modernes, beaucoup d'hommes d'affaires & de *jugeurs*, si je puis m'exprimer ainsi, & peu d'hommes d'état ou de génie, propres à être législateurs.

Tacite a soin de dire en parlant des gens appellés aux emplois du Gouvernement : *il n'etoit ni au-dessus ni au-dessous des affaires.* Il en résulte qu'il y a un dégré d'esprit fort supérieur à celui des affaires proprement dites. *Il y a des gens d'esprit*, dit Swift, *qu'on regarde communément comme incapables d'affaires, & qui sont au-dessus des affaires. Un cheval vif & généreux peut porter un bât, mais il est trop bon, pour être employé ainsi.*

La différence des récompenses, la nature du gouvernement plus solide & moins orageuse, les intrigues des Cours, l'étroite sphere des affaires en général, sont les causes qui rendent les grands hommes de tout genre plus rares dans les tems modernes. Le génie, l'esprit y tournent souvent au désavantage de celui qui les possède. Ils inspirent des besoins tourmentans & un desir inquiet, parce qu'on n'a pas les occasions de recueillir la gloire à laquelle on aspire. On se nourrit d'une petite gloire dont, à chaque instant, on reconnoît l'insuffisance & l'on s'agite sans fruit.

Le don qui distingue particulierement l'homme des bêtes & qui lui soumet ses semblables, la parole, est sans aucune influence dans la plupart des gouvernemens. Le domaine des talens est circonscrit dans quelques places. Les Orateurs sacrés, les Avocats généraux peuvent seuls déployer les richesses de l'éloquence. La domination des petites sociétés contribue encore à rétrécir l'esprit. Elles écartent tout ce qui annonce un caractere déterminé; elles prodiguent les louanges aux gens médiocres, & facilitent leur avancement. La liste des gens élevés aux grandes places, par cette raison qu'ils étoient sans esprit, seroit nombreuse.

F I N.

TABLE
DES MATIERES.

Avertissement de l'Éditeur, *page* 1
Préface, 7
De l'Esprit, 15
De l'influence des passions, 24
De l'Esprit d'affaires, 27
De l'Esprit des gens du monde, 29
De l'Esprit de conversation, 34
Parallèle de Henri IV & de Louis XIV, 61
Des Courtisans, 80
De la politesse, 87
Des principes de Montesquieu sur les Gouvernemens, 88
Des Républiques & des Monarchies, 90
De l'Esprit de corps & de l'Esprit de parti, 99
De la guerre, 100
De quelques Souverains du Nord, 102
De la vanité & de l'amour-propre, 105

TABLE DES MATIERES.

De la Naissance,	123
Du Caractère,	131
Des différentes manières d'être affecté,	137
Du Bonheur,	139
De la durée du temps,	162
Dialogue entre un Ministre disgracié & un Médecin,	167
De l'amitié,	188
Des femmes & de la galanterie,	203
Des gens à bonnes fortunes,	225
Des Romans,	227
Dialogue entre un Médecin & une Dame,	230
Fragment d'une Lettre,	244
De l'Esprit des femmes,	250
Portrait d'une femme d'un Esprit supérieur,	254
De la sensibilité physique,	257
De l'éducation,	273
De l'Homme aimable,	279
De l'opinion publique,	281
De la bonne compagnie,	286
Du bon ton & du ridicule,	297
Des richesses,	301
De l'avarice,	302

TABLE DES MATIERES.

De la médiocrité,	310
De la force & de la puissance,	313
Des Médecins,	318
Des Anciens & des Modernes,	320

CARACTÈRES.

Oronte,	48
Chrysis,	84
Criton,	109
Dorsan,	114
Cephise,	115
Arsure,	120
Argante,	127
Adramont,	128
Dorine,	129
Ariste & Ergaste,	132
Cléophon,	187
Aglaé & Doris,	189
Ismène,	215
Glycère,	216
Herminie,	218
Ariston,	219

MÉLITE, 221
ELVIRE, 223
POLYDOR, 225
CHRYSANTE, 290
MONDOR, 309

FAUTES A CORRIGER.

Page 49, *ligne* 25, suffisoient, *ajoutez*, autrefois.
Page 129, *ligne* 25, l'air provinciale, *lisez*, provincial.
Page 288, *ligne* 8, il ne s'agit que d'oser souvent, *lisez*, il ne s'agit souvent que d'oser.
Page 296, *ligne* 11, le goût a un sentiment, *lisez*, le goût est un sentiment.

www.ingramcontent.com/pod-product-compliance
Lightning Source LLC
Chambersburg PA
CBHW050747170426
43202CB00013B/2326